AF618687

Schriften der
Juristischen Studiengesellschaft
Regensburg e.V.

Herausgegeben von
Prof. Dr. Dr. h.c. Herbert Roth, Universität Regensburg

Band 44

Dieter Maihold

Bankentgelte – AGB-Kontrolle in der Rechtsprechung des Bundesgerichtshofs

Nomos

C.H.BECK

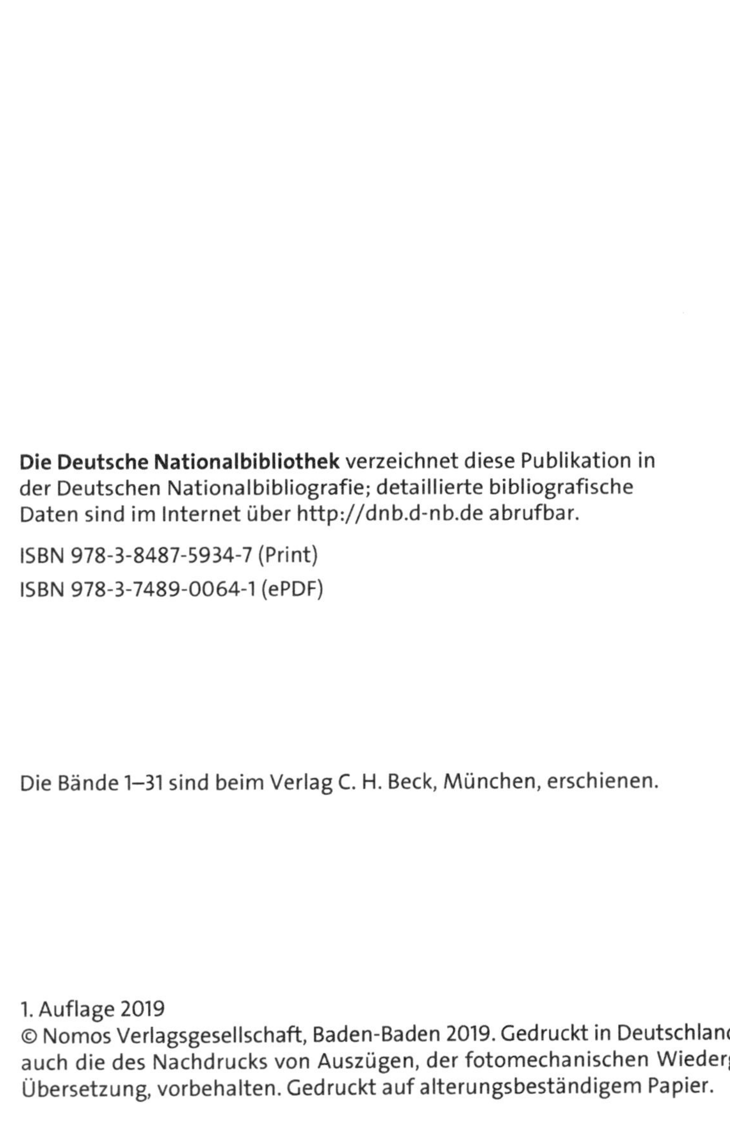

Die Deutsche Nationalbibliothek verzeichnet diese Publikation in der Deutschen Nationalbibliografie; detaillierte bibliografische Daten sind im Internet über http://dnb.d-nb.de abrufbar.

ISBN 978-3-8487-5934-7 (Print)

ISBN 978-3-7489-0064-1 (ePDF)

Die Bände 1–31 sind beim Verlag C. H. Beck, München, erschienen.

1. Auflage 2019

Inhaltsverzeichnis

I. Wirtschaftlicher Hintergrund

Das Nachrichtenmagazin Der Spiegel berichtete im Herbst 1990 über einen Vortrag, den Ulrich Cartellieri, damals Vorstandsmitglied der Deutschen Bank, vor Studenten der Universität Bochum hielt.[1] Cartellieri bezeichnete die deutschen Kreditinstitute als die "Stahlindustrie der neunziger Jahre", beklagte das schwierige wirtschaftliche Umfeld für Banken in Deutschland und kritiserte deren ungünstige Kostenstruktur. Den deutschen Banken, Sparkassen und genossenschaftlich organisierten Instituten, die durchgängig die gesamte Palette von Bankprodukten vorhielten, sagte er "etwa dieselbe Chance wie einem Tante-Emma-Laden“ voraus.

Diese Analyse war zwar richtig, die prognostizierte Entwicklung ist dennoch nicht eingetreten. Die deutschen Kreditinstitute standen damals und stehen auch heute wegen der Vielzahl von Banken, Sparkassen und genossenschaftlichen Instituten unter starkem Konkurrenzdruck. Der Personalbestand und die Anzahl der Filialen sind im europäischen Vergleich überdurchschnittlich. Das hat zur Folge, dass die erwirtschafteten Margen knapp, mitunter kaum auskömmlich waren und sind.

Weshalb hat sich die düstere Vorhersage, die deutsche Kreditwirtschaft werde schon in den neunziger Jahren in ähnliche Schwierigkeiten geraten wie die Stahlindustrie oder der klassische Tante-Emma-Laden, zunächst nicht bewahrheitet? Strukturell hat sich die deutsche Kreditwirtschaft zwar nur wenig gewandelt. Es ist ihr aber gelungen, außerhalb ihres bisherigen Kundengeschäftes neue kräftig sprudelnde Ertragsquellen zu erschließen. Bis zur Finanzmarktkrise im Jahr 2008 haben nicht nur deutsche Großbanken, sondern – wie wir inzwischen wissen – auch einige Landesbanken ihr Investmentbanking ausgeweiten und über damit verknüpften Eigenhandel z.T. enorme Gewinne erzielt. Die in diesem Bereich erwirtschafteten Erträge haben die fortdauernden strukturellen Schwächen der deutschen Kreditwirtschaft überdeckt.[2]

Umso härter wurden die deutschen Kreditinstitute von der Finanzmarktkrise im Jahr 2008 getroffen. Erträge aus dem Investmentbanking sind zu großen Teilen weggebrochen. Gleichzeitig erfolgte eine intensive Regulie-

1 DER SPEGEL, Ausgabe 41/1990, S. 160.

2 Mailach, ForderungsPraktiker 2018, S. 5.

rung des Finanzsektors,[3] was nicht nur zu Schwund auf klassischen Geschäftsfeldern geführt, sondern auch erhebliche Kosten und gestiegene Eigenmittelanforderungen ausgelöst hat. Als große Herausforderung tritt das bereits über einen längeren Zeitraum herrschende, historisch niedrige Zinsniveau hinzu,[4] das den klassischen Erlösstrom der Universalbanken aus der Fristentransformation zum Rinnsal hat werden lassen. Selbst dieses kann oft nur um den Preis höherer Risiken[5] am Laufen gehalten werden.

Der gegenwärtige wirtschaftliche Zustand des deutschen Bankensektors ist insgesamt Besorgnis erregend. Die deutschen Banken sind im Durchschnitt – zum Teil deutlich – weniger profitabel als internationale oder europäische Wettbewerber. Das liegt im Kern daran, dass der Kostenaufwand pro Kunde überdurchschnittlich hoch ist.[6] Der aufgeschoben Strukturwandel im deutschen Bankenwesen[7] kommt unter den Bedingungen eines überdurchschnittlich harten Wettbewerbs[8], in den inzwischen auch alternative Zahlungsdienste und Kreditanbieter eingetreten sind, nur langsam voran. Hiesige Banken sind nach wie vor in hohem Maße von Erträgen abhängig, die sie im – auch gegenwärtig nur zaghaft ansteigenden – Zinsgeschäft erwirtschaften.[9] Sie erzielen dort im Durchschnitt ca. 75 % ihrer Erträge und nur 25 % aus Provisionen.[10]

All das erhöht den Druck auf Kreditinstitute, ihre Provisionserträge zu steigern.[11] Das betrifft zum einen Entgelte für umfangreiche Kapitalmarkttransaktionen, Börsenneuemissionen oder Unternehmensfusionen und aus

---

3 Vgl. Mülbert, Regelungstsunami im europäischen Kapitalmarktrecht, ZHR 176 (2012), 369 ff.

4 Rocholl, Ertragssituation und -perspektiven der deutschen Kreditwirtschaft, in Bankrechtstag 2017, S. 3.

5 Vgl. Deutsche Bundesbank, Finanzstabilitätsbericht 2017, S. 65.

6 Siehe im Detail Janßen, Kostenstrukturen und Wettbewerb im deutschen Bankenmarkt, BankPraktiker 2018, 14 ff.

7 Zur besonderen Bedeutung der FinTech-Gesellschaften vgl. auch Linardatos, DB 2018, 3033 ff.

8 Janßen, Kostenstrukturen und Wettbewerb im deutschen Bankenmarkt, BankPraktiker 2018, S. 15; Mayer, Regionalbanken ohne Zukunft, IT-Finanzmagazin vom 5. Juni 2018: Deutschland ist overbanked; siehe aber auch zu – wieder – guten Ertragschancen im kleinteiligen Kreditgeschäft, Mailach, ForderungsPraktiker 2018, 5 ff.

9 Süddeutsche Zeitung, 27. August 2018 - Kreditgeschäft boomt und 8. März 2018 - Rettung über Gebühren.

10 Rocholl, Ertragssituation und -perspektiven der deutschen Kreditwirtschaft, in Bankrechtstag 2017, S. 4, 5.

11 Rocholl, Ertragssituation und -perspektiven der deutschen Kreditwirtschaft, in Bankrechtstag 2017, S. 8.

dem sich wieder ausweitenden Zertifikatehandel.[12] Zum anderen haben die deutschen Kreditinstitute die von Endkunden zu zahlenden Gebühren in den Blick genommen und kündigen schon seit einigen Jahren ein Ende der aus ihrer Sicht dort herrschenden „Gratiskultur“ an.[13] Auch der Präsident der BaFin stimmt die Bankkunden auf steigende Gebühren ein: „Wer Kunde einer gesunden Bank oder Sparkasse sein will, muss akzeptieren, dass das Institut aufwandsgerechte Preise verlangt und neue Ertragsquellen erschließt, wenn alte versiegen.“[14] Dieser Strategiewechsel ist in Ansätzen bereits erfolgreich: Die Provisionserträge der Kreditwirtschaft sind im Jahr 2017 höher ausgefallen als in den 13 Jahren davor. Im Durchschnitt konnte eine Steigerung des Überschusses von über 7 % realisiert werden.[15]

Umso mehr verwundert, dass diese offizielle Politik der deutschen Bankenverbände nach wie vor in auffälligem Widerspruch zu den Werbekampagnen nahezu aller Kreditinstitute steht. Noch heute wirbt etwa eine der großen deutschen Banken mit einem kostenlosen Girokonto und offeriert zusätzlich eine Empfangsprämie von 100 €, eine andere Großbank spricht von „Ein Girokonto – zwei Karten – 0 €“ und eine Genossenschaftbank verspricht: „Kontogebühren? Können Sie sich sparen!" Besonders einprägsam hat das die Sparda-Bank Baden-Württemberg in einer die Rechtsprechung schon mehrfach beschäftigenden[16] Werbekampagne formuliert: "Schnipp, schnapp – Gebühren ab". Vor diesem Hintergrund von einer unverantwortlichen "Gratis-Mentalität" der Kunden zu sprechen, dürfte die Verantwortung für diese Preispolitik wohl der falschen Seite zuweisen.

Der wirtschaftliche Zwang, zusätzliche Erträge aus Gebühren und Provsionen zu generieren, hat zu zahlreichen Zivilverfahren geführt, in denen darüber zu befinden war, ob von den Banken – in immer neuen Gestaltungen – verwendete Entgeltklausen rechtlich zulässig sind. Die darauf reagierende Rechtsprechung des Bundesgerichtshofs zu Entgeltklauseln in Bankverträgen kann schon wegen der großen Zahl an Entscheidungen und der Vielzahl unterschiedlicher Fallgestaltungen in einem knappen Referat nicht dargestellt werden. In den Vordergrund sollen deswegen Streitfragen gerückt werden, die auch in den jüngeren Entscheidungen des für solche Verfahren zuständigen XI. Zivilsenats des Bundesgerichtshofs noch bedeut-

---

12 Süddeutsche Zeitung, 27. August 2018 - Kreditgeschäft boomt.

13 Vgl. etwa Fahrenschon in FAZ vom 2. September 2016: „Ich erwarte, dass es in einigen Jahren praktisch nirgendwo mehr kostenlose Girokonten geben wird.“

14 Hufeld, Jahrespressekonferenz der BaFin 2017 am 9. Mai 2017.

15 Siehe Süddeutsche Zeitung vom 7. März 2018; WirtschaftsWoche vom 1. März 2018.

16 Vgl. LG Stuttgart, WM 2018, 956 ff.

sam waren. In einem ersten Teil (II.) werden allgemeine Weichenstellungen in der Rechtsprechung zu Entgeltklauseln angesprochen. Danach sollen deren Anwendung anhand einiger aktueller Entscheidungen des XI. Zivilsenats zunächst zu Entgeltklauseln in Darlehensverträgen (III.) und sodann aus den Bereich des Zahlungsverkehrs (IV.) dargestellt werden, bevor der Vortrag mit einem kurzen Ausblick schließt (V.).

II. Rechtliche Grundlagen der Inhaltskontrolle von Entgeltklauseln

Die Vereinbarung von Bankentgelten erfolgt in der Praxis nahezu ausschließlich über Allgemeine Geschäftsbedingungen.

Aus der danach erforderlichen Klauselkontrolle von Bankentgelten sollen folgende, in besonderem Maße streitige Prüfungspunkte eingehender betrachtet werden:

- Stellen und Aushandeln von AGB-Klauseln (unten 1.)
- Kontrollfähigkeit von Entgeltklauseln (unten 2.)
- Unangemessene Benachteiligung (unten 3.)
- Auslegungsgrundsätze (unten 4.)

1. Vorliegen Allgemeiner Geschäftsbedingungen

Zunächst bedarf einer Klärung, ob im Einzelfall Allgemeine Geschäftsbedingungen nach § 305 Abs. 1 BGB vorliegen. Das ist im Einstieg meist unproblematisch. Denn Entgelte werden entweder in den Klauseln von Kreditformularen oder in umfangreichen Preis- und Leistungsverzeichnissen, auf die in Vertragsurkunden verwiesen wird, geregelt (§ 305 Abs. 1 BGB).

a) Vorherige schriftliche Fixierung

Die Einordnung von Entgeltvereinbarungen als Allgemeine Geschäftsbedingungen versuchen Kreditinstitute gelegentlich dadurch zu vermeiden, dass Entgeltregelungen nicht in Preisverzeichnissen oder in der Vertragsurkunde vorformuliert werden, sondern von den Mitarbeitern des Kreditinstituts – faktisch einheitlich – in die Verträge mit den Kunden einbezogen werden. Das ändert im Grundsatz jedoch nichts an deren Einordnung als einer Inhaltskontrolle unterliegende AGB-Klausel. Denn das Merkmal "vorformuliert" setzt nach seinem Schutzzweck nicht voraus, dass die konkrete Klausel im Voraus in dem Vertragsformular oder in sonstiger Weise schriftlich fixiert worden ist.[17] Die fragliche Vertragsbedingung muss lediglich für die mehrfache Verwendung in irgendeiner Wiese festgelegt worden sein. Dafür genügen ohne Weiteres interne Weisungen des Kreditinstituts an die gegenüber den Kunden handelnden Mitarbeiter. Es kann dabei ausreichen, dass die konkrete Klausel zum Zwecke künftiger wiederholter Einbeziehung ausschließlich "im Kopf des Verwenders" oder dessen Abschlussgehilfen gespeichert ist.[18]

Konsequent können auch Entgelte, die in ihrer konkreten Höhe zunächst nicht feststehen, sondern anhand der Daten des individuellen Vertrages nach bestimmten Vorgaben errechnet und sodann in die Vertragsurkunde eingefügt werden, das Merkmal „vorformuliert“ erfüllen.[19] Es kommt auch nicht darauf an, dass die Höhe des Entgelts bei mehrfacher Verwendung des Formulars gleich bleibt, sondern entscheidend ist die vorherige Festlegung des Verwenders, dass ein anhand des konkreten Vertrags zu errechnender Betrag in das Formular eingetragen werden soll.

b) "Stellen" von Vertragsbedingungen

Die Inhaltskontrolle von Geschäftsbedingungen setzt voraus, dass die konkrete Klausel von dem Verwender der anderen Vertragspartei gestellt worden ist (§ 305 Abs. 1 Satz 1 BGB), also insoweit unter Ausschluss der Gegenseite einseitig vertragliche Gestaltungsmacht in Anspruch genommen wird.[20] Dieses Merkmal kann fehlen, wenn die Einbeziehung der Klausel auf der freien, bewussten Entscheidung desjenigen beruht, an den der konkrete Vorschlag, eine bestimmte Klausel zu verwenden, herangetragen wurde.[21] Bei Verbraucherverträgen wird nach § 310 Abs. 3 Nr. 1 BGB widerleg-

---

17 Siehe zuletzt BGH, Urteil vom 5. Juli 2018 - XI ZR 790/16, WM 2018, 1363 Rn. 31 m.w.N.

18 Vgl. BGH, Urteile vom 10. März 1999 - VIII ZR 204/98, BGHZ 141, 108, 110f., BGH, Urteil vom 19. Mai 2005 - III ZR 437/04, WM 2005, 1373, 1375, vom 13. Mai 2014 - XI ZR 170/13, WM 2014, 1325 Rn. 20 und 24. Oktober 2017 - XI ZR 600/16, WM 2017, 2386 Rn. 26.

19 Vgl. BGH, Urteil vom 13. Mai 2014 - XI ZR 170/13, WM 2014, 1325 Rn. 21.

20 BGH, Urteile vom 24. Mai 1995 - XII ZR 172/94, BGHZ 130, 50, 57, vom 17. Februar 2010 - VIII ZR 67/09, BGHZ 184, 259 Rn. 12 und vom 13. März 2018 - XI ZR 291/16, WM 2018, 1046 Rn. 20; BGH, Beschluss vom 28. Juni 2016 - XI ZR 319/14, juris Rn. 21.

21 Vgl. BGH, Urteil vom 17. Februar 2010 - VIII ZR 67/09, BGHZ 184, 259 Rn. 18.

lich vermutet, dass die in Streit stehenden Klauseln von deren Verwender gestellt sind.

Das "Stellen" der Vertragsbedingungen durch Kreditinstitute ist im Wesentlichen in zwei Konstellationen streitig gewesen: zum einen in Fällen, in denen das Kreditinstitut seinerseits verpflichtet war, bestimmte Vertragsbedingungen zu verwenden (aa) und zum anderen bei der Wahlmöglichkeit des Kunden zwischen verschiedenen Klauselgestaltungen (bb). Ergänzend soll an dieser Stelle die systematisch unterschiedlich eingeordnete, in der Praxis häufig thematisierte Frage angeschnitten werden, ob eine Kontrolle von Geschäftsbedingungen entfällt, wenn diese nicht gegenüber einem wirtschaftlich schwächeren Vertragspartner verwendet worden sind (cc).

aa) „Stellen“ von Vertragsbedingungen bei eigener Bindung des Klauselverwenders?

Kreditinstitute haben sich insbesondere bei der Vergabe von Förderdarlehen darauf berufen, sie hätten die zugrunde liegenden Vertragsbedingungen deswegen nicht gestellt, weil ihnen deren Einbeziehung durch die jeweilige Investitionsbank des Bundeslandes oder des Bundes vorgegeben worden sei.

Nach der Rechtsprechung gelten auch solche formularmäßige Regelungen als von dem Kreditinstitut gestellt (§ 305 Abs. 1 Satz 1 BGB). Denn für die Beantwortung der Frage, wer Vertragsbedingungen gestellt hat und damit als Verwender anzusehen ist, ist nach allgemeiner Auffassung nicht entscheidend, wer die Geschäftsbedingungen entworfen hat, sondern es kommt auf das Einbringen der streitigen Klausel in das konkrete Vertragsverhältnis an. Nach § 305 Abs. 1 BGB muss sich somit ein Klauselverwender Bedingungen bereits dann als von ihm gestellt zurechnen lassen, wenn die Einbeziehung in die Vertragsverhandlungen im Verhältnis zu den Kunden auf seine Initiative zurückgeht und er deren Verwendung verlangt hat.[22] Klauseln wären erst dann nicht „gestellt“, wenn die Einbeziehung auf der freien, bewussten Entscheidung desjenigen beruht, an den der konkrete Verwendungsvorschlag herangetragen wurde.[23] Für den Vertragspartner der die Klausel in den Vertrag einbeziehenden Bank ist es danach ohne Be-

22 BGH, Beschluss vom 28. Juni 2016 - XI ZR 319/14, juris Rn. 21 ff.

23 BGH, Urteil vom 13. März 2018 - XI ZR 291/16 WM 2018, 1046 Rn. 20.

deutung, ob die Bank eine in diesem Verhältnis nicht verhandelte Klausel frei gestalten konnte oder insoweit ihrerseits Bindungen unterlag.

bb) Wahlmöglichkeit zwischen vorformulierten Vertragsbedingungen (Individualbeitrag)

Diese Grundsätze gelten auch für die Einräumung einer Wahlmöglichkeit zwischen mehreren als Vertragsbedingungen formulierten Preismodellen. Bereits vor einigen Jahren lagen dem XI. Zivilsenat zahlreiche, damals unter der – namentlich von einem Kreditinstitut verwendeten – Bezeichnung "Individualbeitrag" diskutierte Fallkonstellationen vor, bei denen der Darlehensnehmer zwischen verschiedenen Darlehensgestaltungen wählen durfte. Sämtliche Verfahren sind damals vor einer Revisionsentscheidung durch Rücknahme der Rechtsmittel seitens des Kreditinstituts erledigt worden.[24] Erst in jüngster Zeit konnte der Senat[25] zu einer solchen Fallgestaltung Stellung nehmen: Hier hatte das Kreditinstitut dem Darlehensnehmer die Wahl zwischen zwei Vertragsklauseln gelassen. Die eine Darlehensvariante sah keine „Bearbeitungsprovision“ und einen handelsüblichen Zinssatz vor, die andere Darlehensvariante bot zwar einen günstigeren Zinssatz, dafür war aber eine laufzeitunabhängige „Bearbeitungsprovision“ zu zahlen.

Wie ausgeführt entfällt ein „Stellen“ von Vertragsbedingungen erst dann, wenn die Einbeziehung auf der freien bewussten Entscheidung desjenigen beruht, an den der konkrete Einbeziehungsvorschlag herangetragen wurde. Dies kommt jedoch nur in Betracht, wenn der Vertragspartner entweder auf die inhaltliche Gestaltung des konkret vereinbarten Formulartextes Einfluss nimmt oder zumindest Gelegenheit erhält, alternativ eigene Textvorschläge mit der effektiven Möglichkeit ihrer Durchsetzung in die Verhandlungen einzubringen.[26] Dafür gab es in diesen Verfahren keinen Anhaltspunkt. Insbesondere war den Darlehensnehmern nicht die konkrete Möglichkeit eröffnet worden, den gesetzesfremden Teil der zur Wahl stehenden Entgeltklauseln auszuschließen.

---

24 Vgl. dazu Schild von Spannenberg, WM 2017, 1443 ff.

25 BGH, Urteil vom 13. März 2018 - XI ZR 291/16, WM 2018, 1046 ff.

26 BGH, Urteile vom 7. Februar 1996 - IV ZR 16/95, NJW 1996, 1676, 1677, vom 17. Februar 2010 - VIII ZR 67/09, BGHZ 184, 259 Rn. 18, vom 10. Oktober 2013 - VII ZR 19/12, NJW 2014, 206 Rn. 19 und vom 13. März 2018 - XI ZR 291/16, WM 2018, 1046 Rn. 20; Beschluss vom 28. Juni 2016 - XI ZR 319/14, juris Rn. 21.

Deswegen ändert die Eröffnung einer solchen Wahlmöglichkeit für den Kunden nichts an der Kontrollfähigkeit der letztlich vereinbarten Klausel. Unerheblich ist weiter, ob sich der Bankkunde über die angebotenen Vertragsvarianten hat aufklären lassen oder von vornherein eine der beiden ihm bekannten Varianten ausgewählt hat, denn das steht einer Ausnutzung der Vertragsgestaltungsfreiheit durch die die Klausel verwendende Bank nicht entgegen.[27]

cc) Klauselkontrolle bei Verhandlungsmacht oder größerer Erfahrung des Vertragspartners?

Im Vorfeld der Entscheidungen des Senats zu Bearbeitungsentgelten für Unternehmerdarlehen ist vertreten worden, bei ausgewogener wirtschaftlicher Verhandlungsmacht zwischen den Vertragsparteien bedürfe es keiner AGB-Kontrolle.[28] Zur Begründung wurde darauf verwiesen, dass der Gesetzgeber, wie für das Darlehensrecht die §§ 491 ff. BGB und für den Zahlungsverkehr § 675e BGB zeigten, davon ausgehe, ein Unternehmer weise aufgrund seiner Geschäftstätigkeit im Allgemeinen hinreichende Erfahrung mit der Aufnahme von Krediten auf bzw. sei mit den Gepflogenheiten des Zahlungsverkehrs vertraut. Daraus wird weiter gefolgert, ein Unternehmer verfüge jedenfalls typischerweise über eine stärkere Verhandlungsmacht als ein Verbraucher, er besitze jedenfalls ausgeprägtere Verhandlungskompetenz gegenüber Banken und das rechtfertige es, bei Unternehmern im Grundsatz von einer Klauselkontrolle abzusehen. Das führt zu der Frage, ob das Merkmal "Stellen" von Geschäftsbedingungen notwendigerweise von wesentlicher Ungleichheit der wirtschaftlichen Verhandlungsmacht der Vertragspartner ausgeht, die bei Unternehmergeschäften faktisch – oder normativ vorausgesetzt – fehlen könnte.

Diese Argumentation übersieht, dass der Schutzzweck des § 307 BGB, die Inanspruchnahme einseitiger Gestaltungsmacht zu begrenzen, keinen Bezug zu einer wirtschaftlichen Verhandlungsmacht im Einzelfall aufweist, sodass die AGB-Kontrolle auch zugunsten eines – informierten und erfahrenen – Unternehmers gelten soll. Das ist eine Besonderheit der deutschen Rechtsentwicklung. Bereits die ältere Rechtsprechung und im Anschluss

---

27 Vgl. BGH, Urteile vom 4. März 1997 - X ZR 141/95, WM 1997, 1586, 1588 und vom 13. März 2018 - XI ZR 291/16, WM 2018, 1046 Rn. 21.

28 Vgl. dazu Hanke/Adler, WM 2015, 1313, 1318; Hertel, jurisPR-BKR 2/2016 Anm. 4; Kropf/Habl, BKR 2015, 316, 320 f.

daran das Gesetz zur Regelung des Rechts der Allgemeinen Geschäftsbedingungen zielten nicht auf Verbraucherschutz, sondern Regelungszweck der gegenüber Individualvereinbarungen gesteigerten Prüfungsdichte von AGB-Klauseln war die Kontrolle tatsächlich in Anspruch genommener Gestaltungsmacht und nicht die Kompensation eines wirtschaftlichen Machtgefälles.[29] Daran hat sich auch durch die Einfügung einzelner den Verbraucher schützender Regelungen insbesondere zur Umsetzung der Klauselrichtlinie nichts geändert. Die Regelungen des AGB-Rechts, insbesondere der hier entscheidende § 307 BGB, verfolgen weiterhin den Zweck, tatsächlich ausgeübte einseitige Gestaltungsmacht zu begrenzen und damit einen nicht bestehenden und im Allgemeinen ineffizienten Konditionenwettbewerb[30] zu kompensieren.

Ein Stellen von Vertragsbedingungen setzt somit auch außerhalb des Anwendungsbereichs des § 310 Abs. 3 Nr. 1 BGB nicht voraus, dass ein Ungleichgewicht zwischen den Vertragsbeteiligten hinsichtlich der vertraglichen Durchsetzungsmacht besteht.[31] Die Inhaltskontrolle von AGB-Klauseln soll also jeden vor Klauseln schützen, mit denen das auf einen gegenseitigen Interessenausgleich gerichtete dispositive Gesetzesrecht durch einseitige Gestaltungsmacht des Verwenders der Klausel im einzelnen Vertrag außer Kraft gesetzt werden soll.[32] Dafür ist ohne Bedeutung, ob die vom Klauselverwender in Anspruch genommene vertragliche Gestaltungsmacht auf dessen Sachkunde hinsichtlich des Vertragsgegenstands, auf besonderer Erfahrung in dem betreffenden Geschäftsfeld oder auf wirtschaftlicher Überlegenheit beruht. In all diesen Fällen besteht der Schutzzweck der AGB-Kontrolle gleichermaßen darin, einer Ausnutzung der vom Verwender in Anspruch genommenen Gestaltungsmacht entgegenzutreten. Denn dies und nicht ein wirtschaftliches Machtgefälle ist die typische Gefahr, die mit der Verwendung Allgemeiner Geschäftsbedingungen verbunden ist.[33]

---

29 BGH, Urteil vom 17. Februar 2010 - VIII ZR 67/09, BGHZ 184, 259 Rn. 12 m.w.Nachw.

30 Vgl. Kuntz, AcP 209, 242, 249, Fuchs in Ulmer/Brandner/Hensen, AGB-Recht, 12. Auflage, Vorbemerkung zur Inhaltskontrolle, Rn. 24.

31 BGH, Urteil vom 17. Februar 2010 - VIII ZR 67/09, BGHZ 184, 259 Rn. 12.

32 BGH, Urteil vom 4. Juli 2017- XI ZR 562/15, WM 2017, 1643 Rn. 64.

33 So BGH, Urteil vom 4. Juli 2017- XI ZR 562/15, WM 2017, 1643 Rn. 65.

c) Ausgehandelte Vertragsbedingungen

Allgemeine Geschäftsbedingungen liegen nicht vor, wenn die Vertragsbedingungen zwischen den Vertragsparteien im Einzelnen ausgehandelt sind (§ 305 Abs. 1 Satz 3 BGB). Dafür ist nach einheitlicher Auffassung aller damit befasster Senate des Bundesgerichtshofs[34] mehr als lediglich ein Verhandeln über die fragliche Klausel erforderlich. Der Klauselverwender muss vielmehr die Klausel, hier ein Bankentgelt, als solche deutlich erkennbar und ernsthaft zur Disposition gestellt und dem Verhandlungspartner Gestaltungsfreiheit zur Wahrung eigener Interessen gewährt haben. Dem Kunden muss zumindest die reale Möglichkeit eingeräumt worden sein, die inhaltliche Ausgestaltung der Vertragsbedingungen zu beeinflussen.[35] Eine nur allgemein geäußerte Bereitschaft, belastende Klauseln zu ändern, reicht hierfür nicht aus.[36] In der Regel wird sich das Aushandeln in Änderungen des vorformulierten Textes niederschlagen. Nur ausnahmsweise kann eine Individualvereinbarung vorliegen, wenn der andere Teil nach gründlicher Erörterung von der Sachgerechtigkeit der Regelung überzeugt wird und ihr zustimmt.[37]

aa) Verhandlungsmöglichkeit statt Aushandeln

Deswegen reicht zur Darlegung der Voraussetzungen des § 305 Abs. 1 Satz 3 BGB der – von Klauselverwendern häufig gehaltene – Vortrag nicht aus, das konkrete Entgelt sei nach internen Vorgaben für Mitarbeiter des Verwenders verhandelbar gewesen; es habe eben an der persönlichen Ver-

---

34 Vgl. BGH, Urteile vom 28. Juli 2015 - XI ZR 434/14, BGHZ 206, 305 Rn. 23 und vom 4.7.2017 – XI ZR 233/16, WM 2017, 1652 Rn. 22 ff.; BGH, Urteile vom 23. Januar 2003 - VII ZR 210/01, WM 2003, 870, 873, vom 7. März 2013 - VII ZR 162/12, NJW 2013, 1431, Rn. 30 f., vom 22. Oktober 2015 - VII ZR 58/14, NZBau 2016, 213 Rn. 25 und vom 22. November 2012 - VII ZR 222/12, NJW 2013, 856 Rn. 10; BGH, Urteile vom 20. März 2014 - VIII ZR 404/12, BGHZ 200, 326 Rn. 27 und vom 20. Januar 2016 - VIII ZR 26/15, NZM 2016, 214 Rn. 24; BGH, Urteil vom 20. März 2018 - X ZR 25/17, NJW 2018, 2039 Rn. 12.

35 Vgl. zuletzt BGH, Urteile vom 5. Juni 2018 - XI ZR 790/16, WM 2018, 1363 Rn. 33 und XI ZR 317/16, juris Rn. 30, jeweils m.w.Nachw.

36 BGH Urteile vom 28. Juli 2015 - XI ZR 434/14, BGHZ 206, 305 Rn. 23 f. mwN und vom 5. Juni 2018 - XI ZR 790/16, WM 2018, 1363 Rn. 33.

37 Vgl. BGH, Urteile vom 22. November 2012 - VII ZR 222/12, NJW 2013, 856 Rn. 10 mwN, vom 26. März 2015 - VII ZR 92/14, WM 2015, 867 Rn. 33 und Urteil vom 28. Juli 2015 - XI ZR 434/14, BGHZ 206, 305 Rn. 23.

handlungsführung des Vertragspartners gelegen, dass er diese Möglichkeit nicht genutzt habe. In solchen Fällen fehlt – wie es die Rechtsprechung formuliert – die deutliche und ernsthafte Erklärung gegenüber dem Vertragspartner, es bestehe die Bereitschaft, gerade auf den gesetzesfremden Kern der Klausel zu verzichten.[38] Die lediglich beim Klauselverwender intern bekannte Verhandlungsbereitschaft reicht folglich nicht aus. In den vom XI. Zivilsenat zu entscheidenden Fällen hat danach die Bank als Verwender der AGB meist schon keinen ausreichenden Tatsachenvortrag für ein Aushandeln der streitigen Klausel gehalten.

Eine Klausel ist auch nicht nach § 305 Abs. 1 Satz 3 BGB ausgehandelt worden, wenn nach Verhandlungen über verschiedene andere Teilaspekte eines Vertrages insoweit Vertragsbedingungen geändert worden sind. Es liegt zwar nahe, dass die Vertragspartner in einem solchen Fall jeweils für sich ihre wirtschaftliche Position als einheitliches, insgesamt rentierendes Paket beurteilt haben. Das erfüllt aber nicht die Voraussetzungen des § 305 Abs. 1 Satz 3 BGB. Denn danach muss sich das Aushandeln jeweils auf bestimmte Vertragsbedingen beziehen („im Einzelnen") und führt nur in diesem Umfang („soweit") zur Nichtanwendung der §§ 305 ff. BGB.[39] Eine vom Verwender gestellte, nicht konkret (mit-)verhandelte und schließlich unverändert in den Vertrag übernommene Vertragsbedingung ist damit nicht als ausgehandelt einer Inhaltskontrolle entzogen.

bb) Wahlmöglichkeit zwischen vorformulierten Vertragsbedingungen - Individualbeitrag

Diese Grundsätze gelten auch für den – oben bereits erwähnten Fall – der Einräumung einer Wahlmöglichkeit zwischen mehreren als Vertragsbedingungen formulierten Preismodellen. Werden etwa Bankkunden zwei Klauselvarianten angeboten, von denen die eine kein laufzeitunabhängiges Entgelt vorsieht, während die mit einem günstigeren Zinssatz verknüpfte Variante eine laufzeitunabhängige „Bearbeitungsprovision" enthält, liegen nach Auffassung des XI. Zivilsenats die Voraussetzungen einer Individual-

38 Vgl. BGH, Urteile vom 28. Juli 2015 - XI ZR 434/14, BGHZ 206, 305 Rn. 23, vom 4. Juli 2017 - XI ZR 233/16, WM 2017, 1652 Rdn. 25 und vom 17. April 2018, WM 2018, 1356 Rn. 15.

39 Vgl. BGH, Urteile vom 5. Dezember 1995 - X ZR 14/93, WM 1996, 967, 973 und vom 23. Januar 2003 - VII ZR 210/01, BGHZ 153, 311, 322 f. sowie Beschlüsse vom 5. März 2013 - VIII ZR 137/12, NJW 2013, 1668 Rn. 7 ff. und vom 19. März 2019 - XI ZR 9/18, n.n.v.

vereinbarung schon im Ansatz nicht vor. Denn diese Einräumung der Wahlmöglichkeit umfasst gerade keine individualvertraglich vereinbarte Variante, sondern lässt lediglich die Auswahl zwischen verschiedenen, ausnahmslos vorformulierten Vertragsgestaltungen.[40] Ein Wahlrecht zwischen unterschiedlichen AGB-Klauseln kann aber schon begrifflich und erst recht nach dem Normzweck nicht zur Kontrollfreiheit der letztlich gewählten Klausel führen.[41] Es handelt sich letztlich nur um einen Anwendungsfall der bekannten und verbreiteten Ankreuzoptionen, die bei Ausfüllen eines Vertragsformulars die Kennzeichnung einzelner Klauselvarianten vorsehen.

2. Klauselkontrolle, Kontrollfreiheit

Bei AGB-Klauseln, die Entgelte regeln, entscheidet über deren Wirksamkeit nicht selten bereits die Antwort auf die Frage, ob eine kontrollfreie Preishauptabrede oder ein der Kontrolle unterliegendes Nebenentgelt vorliegt.

a) Preishauptabrede

Den Einstieg in die entscheidende Prüfung, ob eine Formularklausel einer Inhaltskontrolle nach den §§ 307 ff. BGB unterliegt, eröffnet § 307 Abs. 3 Satz 1 BGB. Mit dieser Vorschrift ist in Anlehnung an § 8 AGBG aF und unter Zurückweisung im Gesetzgebungsverfahren der Schuldrechtsmodernisierung zunächst erwogener engerer Formulierungen[42] eine weite richterliche AGB-Kontrolle beibehalten worden. Danach sind Gegenstand einer Inhaltskontrolle nach § 307 Abs. 3 Satz 1 BGB Bestimmungen in Allgemeinen Geschäftsbedingungen, durch die von Rechtsvorschriften abweichende oder diese ergänzende Regelungen vereinbart werden. Diese Begriffe sind nach allgemeiner Ansicht weit auszulegen, sodass als Rechtsvorschriften nicht nur Gesetze im formellen Sinn anzusehen sind, sondern auch ungeschriebene, allgemeine Rechtsgrundsätze und Richterrecht.[43]

---

40 BGH, Urteil vom 13. März 2018 - XI ZR 291/16, WM 2018, 1046 Rn. 17 f.

41 Vgl. Mehringer, EWiR 2018, 451, 452: „Akzeptieren des geringeren Übels“.

42 Vgl. dazu Stoffels, JZ 2001, 843, 849.

43 BGH, Urteile vom 10. Dezember 1992 - I ZR 186/90, ZIP 1993, 291, 294 und vom 10. Dezember 2013 - X ZR 24/13, NJW 2014, 1168 Rn. 16.

Daraus ergibt sich zunächst, dass das für die Hauptleistung vereinbarte Entgelt im Grundsatz nicht kontrollfähig ist. Denn den Regeln einer marktwirtschaftlichen Wirtschaftsordnung entsprechend sind Preise im Grundsatz nicht gesetzlich oder richterrechtlich festgelegt. Vielmehr gehören Regelungen, die Art, Umfang und Güte der geschuldeten Hauptleistung und das vom Vertragspartner dafür zu zahlende Entgelt festlegen, zum Kernbereich der Privatautonomie. Einer Inhaltskontrolle entzogen ist nach ständiger Rechtsprechung aber nur der enge Bereich der Leistungsbestimmungen selber, ohne deren Vorliegen mangels Bestimmtheit oder Bestimmbarkeit des wesentlichen Vertragsinhalts ein wirksamer Vertrag nicht mehr angenommen werden kann.[44] Hingegen sind Klauseln, die das Hauptleistungsversprechen abweichend vom Gesetz oder der nach Treu und Glauben geschuldeten Leistung einschränken, verändern, ausgestalten oder modifizieren, inhaltlicher AGB-Kontrolle unterworfen.[45]

b) Bepreisung von Sonderleistungen

Ausgehend von diesen Grundsätzen ist das Entgelt für eine rechtlich nicht geregelte, zusätzlich zur vertraglichen Hauptleistung angebotene Sonderleistung ebenso wie eine Preishauptabrede keiner AGB-Kontrolle unterworfen. Räumt der Klauselverwender nämlich seinem Kunden einen Anspruch auf einen wirtschaftlichen Vorteil ein, der sich nicht bereits als Haupt- oder Nebenpflicht aus dem Hauptvertrag ergibt, liegt mangels dafür bestehender gesetzlicher Regelung keine von Rechtsvorschriften abweichende Vereinbarung nach § 307 Abs. 3 Satz 1 BGB vor. Diese zusätzlich angebotene Leistung darf deswegen in AGB gesondert bepreist werden.[46] Im Kern handelt es sich um eine Preishauptabrede für eine nicht aufgrund des Hauptvertrages, sondern nach einer gesonderten Vereinbarung geschuldete zusätzliche Leistung.

Danach kann auch ein Kreditinstitut für Sonderleistungen, die nicht Gegenstand der übrigen vertraglichen Vereinbarungen sind, aber im Zusam-

44 Vgl. BGH, Urteil vom 25. Oktober 2016 - XI ZR 9/15, WM 2017, 80 Rn. 21; zur Notwendigkeit einer engen Auslegung siehe auch EuGH, Urteil vom 20. September 2017 - Rs. C-186-16, WM 2017, 1974 Rn. 31.

45 Vgl. BGH Urteile vom 12. Juni 2001 - XI ZR 274/00, BGHZ 148, 74, 78, vom 12. März 2014 - IV ZR 295/13, BGHZ 200, 293 Rn. 27 und vom 9. April 2014 - VIII ZR 404/12, BGHZ 200, 362 Rn. 43 f.

46 Vgl. etwa BGH, Urteil vom 16. Februar 2016 - XI ZR 454/14, BGHZ 209, 71 Rn. 27.

menhang mit der Geschäftsverbindung stehen, ein Entgelt erheben. Denn gerade im Interesse der Kunden ist es nicht nur erlaubt, sondern wünschenswert, dass Kreditinstitute neue Leistungen anbieten und dafür auch ein Entgelt festlegen können. Deswegen kann etwa ein Kreditinstitut ein dem Kunden von Gesetzes wegen nicht zustehendes Sondertilgungsrecht[47] bepreisen oder bei Unklarheit, ob und zu welchem Zeitpunkt ein Darlehen oder Avalkredit in Anspruch genommen wird, Bereitstellungszinsen[48] verlangen.

c) Preisnebenabreden

Kontrollfähig sind hingegen sog. Preisnebenabreden. Das sind Klauseln, die sich nur mittelbar auf den Preis auswirken und an deren Stelle bei Fehlen einer wirksamen vertraglichen Regelung dispositives Gesetzesrecht, allgemeine Rechtsgrundsätze oder im Wege der ergänzender Vertragsauslegung zu klärende Rechte treten können. Solche Preisnebenabreden liegen nach Auffassung aller damit befasster Senate des Bundesgerichtshofs insbesondere vor, wenn das Entgelt nicht für eine Leistung verlangt wird, die auf rechtsgeschäftlicher Grundlage für den Kunden erbracht wird, sondern der Verwender allgemeine Betriebskosten bzw. Aufwand zur Erfüllung eigener gesetzlich oder vertraglich begründeter Pflichten oder für Tätigkeiten, die in seinem eigenen Interesse liegen, auf den Kunden abwälzen will.[49]

---

47 Vgl. Senatsurteil vom 16. Februar 2016 - XI ZR 454/14, WM 2016, 699 Rn. 25 ff. zur alten Rechtslage nach § 488 Abs. 3 Satz 3 BGB a.F.; nach Einführung von § 502 BGB in der ab dem 11. Juni 2010 geltenden Fassung liegt hingegen keine Sonderleistung, sondern die Bepreisung einer gesetzlichen Pflicht vor, vgl. BGH, Urteil vom 16. Februar 2016 - XI ZR 96/15, WM 2016, 704 Rn. 30.

48 Vgl. BGH Urteil vom 13. März 2018 - XI ZR 291/16, WM 2018, 1046 Rn. 22 ff.

49 BGH, Urteile vom 21. April 2009 - XI ZR 78/08, BGHZ 180, 257 Rn. 16, vom 17. September 2009 - Xa ZR 40/08, NJW 2009, 3570 Rn. 15, vom 20. Mai 2010 - Xa ZR 68/09, BGHZ 185, 359 Rn. 40, vom 7. Dezember 2010 - XI ZR 3/10, BGHZ 187, 360 Rn. 26, vom 13. November 2012 - XI ZR 500/11, BGHZ 195, 298 Rn. 13, vom 13. Mai 2014 - XI ZR 405/12, BGHZ 201, 168 Rn. 24, vom 20. Oktober 2015 - XI ZR 166/14 und vom 25. Oktober 2016 - XI ZR 9/15, BGHZ 212, 329 Rn. 22; vgl. aus der umfangreichen Judikatur des Bundesgerichtshofs seit Einführung des AGB-Gesetzes: BGH, Urteile vom 24. November 1988 - III ZR 188/87 - BGHZ 106, 42, 46, vom 6. Februar 1985 - VIII ZR 61/84 - BGHZ 93, 358, 360, 361, vom 19. November 1991 - X ZR 63/90, BB 1992, 228, vom 14. Mai 2014 - VIII ZR 114/13, WM 2014, 1819, 1821, vom 15. November 2007 - III ZR 247/16,

d) Gesetzliche Preisregelungen

Gesetzliche Preisregeln hingegen können zur Kontrollfähigkeit aller Preisklauseln führen, auch solcher zu Preishauptabreden. Denn in solchen Fällen hat der Gesetzgeber das Entgelt ganz oder teilweise normativ gestaltet. Dann kann auch eine Preishauptabrede nach § 307 Abs. 3 Satz 1 BGB von einer gesetzlichen Regelung abweichen.[50] Das führt unmittelbar zur Kontrollfähigkeit gegen gesetzliche Preisregeln verstoßender Klauseln. Damit wird dem Zweck gesetzlicher Preisvorschriften entsprochen, gesetzliche Preisvorgaben auch gegenüber Entgeltklauseln in Allgemeinen Geschäftsbedingungen durchzusetzen.[51]

Bei der Interessenabwägung im Rahmen der Inhaltskontrolle besteht die Besonderheit, dass bei Abweichung einer Klausel von gesetzlichen Preisregelungen immer eine unangemessene Benachteiligung gemäß § 307 Abs. 1 BGB vorliegt. Denn der zugleich vorliegende Verstoß gegen (halb-)zwingendes Recht führt ohne Weiteres zur Unwirksamkeit der Klausel.[52]

Unabhängig davon sind solche Entgeltklauseln auch nach § 134 BGB unwirksam, wenn sie gegen (halb-)zwingendes Recht verstoßen.[53]

3. Interessenabwägung, § 307 Abs. 1, Abs. 2 BGB

Weichen Klauseln in Allgemeinen Geschäftsbedingungen von wesentlichen Grundgedanken der gesetzlichen Regelung ab, ist nach § 307 Abs. 2 Nr. 1 BGB im Zweifel eine unangemessene Benachteiligung

---

WM 2008, 308 Rn. 9; die Auffassung von Herresthal, Fs. für Canaris zum 80. Geburtstag, 869, 885, es handele sich insoweit um eine „Sonderdogmatik“ des Bankvertragsrechts, trifft mithin nicht zu.

50 Vgl. BGH, Urteil vom 17. Dezember 2013 - XI ZR 66/13, BGHZ 199, 281 Rn. 12 mwN.

51 Vgl. BGH, Urteile vom 9. Juli 1981 - VII ZR 139/80, BGHZ 81, 229, 232 f., vom 17. Dezember 2013 - XI ZR 66/13, BGHZ 199, 281 Rn. 10 ff., vom 20. Oktober 2015 - XI ZR 166/14, BGHZ 207, 176 Rn. 16, 24 und 28 und vom 12. September 2017 - XI ZR 590/15, WM 2017, 2013 Rn. 44.f.

52 BGH, Urteile vom 17. Dezember 2013 - XI ZR 66/13, BGHZ 199, 281 Rn. 10, vom 27. Januar 2015 - XI ZR 174/13, WM 2015, 519 Rn. 17, vom 20. Oktober 2010 - XI ZR 166/14, BGHZ 207, 176 Rn. 31 und vom 12. September 2017 - XI ZR 590/15, WM 2017, 2013 Rn. 45.

53 Vgl. Urteil vom 28. Juli 2015 - XI ZR 434/14, BGHZ 206, 305 Rn. 42, vom 16. Februar 2016 - XI ZR 96/15, WM 2016, 704 Rn. 30 und vom 12. September 2017 - XI ZR 590/15, WM 2017, 2013 Rn. 45.

des Vertragspartners anzunehmen. Diese Vermutung ist widerlegt, wenn die betreffende Klausel auf Grundlage einer umfassenden Interessenabwägung in ihrer Gesamtheit den Vertragspartner des Klauselverwenders nicht unangemessen benachteiligt.[54]

a) Interessenabwägung bei Entgeltklauseln, Leitbild

Wie bei der Diskussion der Kontrollfähigkeit ausgeführt sind nach gefestigter Rechtsprechung des Bundesgerichtshofs Entgeltklauseln, in denen ein Vergütungsanspruch für Tätigkeiten begründet wird, zu deren Erbringung der Klauselverwender bereits gesetzlich bzw. aufgrund einer vertraglichen Nebenpflicht verpflichtet ist oder die er vorwiegend im eigenen Interesse vornimmt, mit wesentlichen Grundgedanken der gesetzlichen Regelungen nicht vereinbar, da nach dem gesetzlichen Leitbild für solche Tätigkeiten ein Entgelt nicht beansprucht werden kann.[55] Dieses Leitbild ist für die Beurteilung von Entgeltklauseln in nahezu allen entsprechenden Verfahren des XI. Zivilsenats mitentscheidend gewesen.

Für Entgeltklauseln im Darlehensrecht gilt nach der Rechtsprechung des XI. Zivilsenats zusätzlich das Leitbild der Laufzeitabhängigkeit des Zinses als Entgelt für die ebenfalls auf eine Laufzeit bezogene Nutzung des Kapitals. Diese zentrale darlehensrechtliche Besonderheit soll später im Kontext eines konkreten Falles erörtert werden (III.1.b)).

b) Gleichlauf von Kontrollfähigkeit und Interessenabwägung?

In der Praxis ist die durch einen Leitbildverstoß ausgelöste Vermutung einer unangemessenen Benachteiligung bei Entgeltklauseln nur selten widerlegt worden. Valide Argumente, die für die inhaltliche Ausgewogenheit einer Entgeltklausel streiten, mit der der Verwender gerade die Erfüllung eigener Pflichten bepreist, fehlen in aller Regel. Während Formularklau-

---

54 Vgl. BGH, Urteile vom 7. Mai 1996 - XI ZR 217/95, BGHZ 133, 10, 15 f., vom 28. Januar 2003 - XI ZR 156/02, BGHZ 153, 344, 350, vom 14. Januar 2014 - XI ZR 355/12, BGHZ 199, 355 Rn. 45 und vom 21. April 2015 - XI ZR 200/14, BGHZ 205, 83 Rn. 17.

55 Vgl. BGH, Urteile vom 30. November 2004 - XI ZR 200/03, BGHZ 161, 189, 193, vom 19. Oktober 1999 - XI ZR 8/99, WM 1999, 2545, 2546, vom 21. April 2009 - XI ZR 55/08, juris Rn. 21, vom 20. Mai 2010 - Xa ZR 68/09, BGHZ 185, 359 Rn. 42, vom 13. Januar 2011 - III ZR 78/10, NJW 2011, 1726 Rn. 18.

seln, die keine Entgelte regeln, nicht nur in Ausnahmefällen einer Interessenabwägung Stand halten, weil die Begünstigung des Verwenders durch anderweitige Vorteile für dessen Vertragspartner ausgeglichen wird,[56] gibt es solche Kompensationen bei Entgeltklauseln der Kreditinstitute praktisch nicht. Denn es geht der eine Entgeltklausel verwendenden Bank eben gerade darum, eine zusätzliche Ertragsposition für ohnehin anfallenden Aufwand zu generieren. Das kann sie jedoch nicht oder nur schwer mit einem für sie wirtschaftlich nicht rentierenden Interessenausgleich erreichen. Die wohlfeile Behauptung, es sei im Einzelfall ein geringeres Entgelt für die Hauptleitung vereinbart worden, ist nach ständiger Rechtsprechung grundsätzlich kein geeignetes Kriterium, um eine unangemessene Benachteiligung zu rechtfertigen.[57]

Auch die Kritik an diesem bei Entgeltklauseln typischen Ablauf der Prüfung[58] muss letztlich einräumen, dass Ursache dafür die Entscheidung des Gesetzgebers ist, für die Klärung der Kontrollfähigkeit von Formularklauseln in § 307 Abs. 3 Satz 1 BGB nahezu dieselbe Formulierung wie für die Vermutung einer unangemessenen Benachteiligung in § 307 Abs. 2 Nr. 1 BGB im Rahmen der Interessenabwägung zu verwenden. Dieser Normbefund ist auch nicht allgemein problematisch, sondern der daraus resultierende Gleichlauf von Kontrollfähigkeit und Vermutung der Interessenwidrigkeit stellt im Wesentlichen ein Spezialproblem von Entgeltklauseln dar, da diese – wie ausgeführt – gerade deswegen kontrollfähig sind, weil Leistungen bepreist werden, die der Verwender im Allgemeinen ohne zusätzliches Entgelt erbringen muss. Steht das fest, wird es nur selten Argumente geben, die dafür sprechen, ein in dieser Weise unangemessenes Entgelt ausnahmsweise als interessengerecht anzusehen. Der XI. Zivilsenat hat deswegen nur in wenigen Ausnahmefällen solche Entgelte als interessengerechten Ausgleich gebilligt, etwa die Abschlussgebühren bei Bausparverträ-

---

56 Vgl. etwa BGH, Urteil vom 21. April 2015 - XI ZR 200/14, BGHZ 205, 83 Rn. 18 ff.

57 BGH, Urteile vom 29. Oktober 1956 - II ZR 79/55, BGHZ 22, 90, 98, vom 29. September 1960 - II ZR 25/59, BGHZ 33, 216, 219, vom 12. Mai 1980 - VII ZR 166/79, BGHZ 77, 126, 131 und vom 25. Oktober 2016 - XI ZR 9/15, BGHZ 212, 329 Rn. 40.

58 Kritisch dazu etwa Servatius, ZIP 2017, 745, 747 ff, Casper, Zulässigkeit von Bankentgelten, in Bankrechtstag 2017, 11, 15 f.

gen,[59] Bearbeitungsgebühren bei staatlichen Förderdarlehen[60] und Behaltensklausel für Vertriebsvergütungen[61].

c) Bankbetriebswirtschaftliche Erwägungen im Interessenausgleich?

Eine unangemessene Benachteiligung entfällt nicht schon dadurch, dass ihr bankbetriebswirtschaftliche Erwägungen des die Entgeltklausel verwendenden Kreditinstituts entgegengehalten werden. Verwiesen wird von den Kreditinstituten häufig auf die Notwendigkeit zu insgesamt auskömmlichen Entgelten zu gelangen, da das am Markt durchsetzbare Entgelt für die Hauptleistung nicht ausreiche. Zudem fielen häufig Sonderkosten für bestimmte Kundengruppen an, die man unter Berufung auf einen „Verursachergrundsatz“[62] den solche Kosten auslösenden Kunden und nicht der Gemeinschaft aller Kunden belasten wolle.

Dies rechtfertigt eine von gesetzlichen Leitbildern abweichende Entgeltklausel nicht. Vielmehr ist der entsprechende Kostenaufwand in das Entgelt für die jeweilige Leistung des Kreditinstituts einzupreisen. Folglich sind die beim Darlehensgeber im Zusammenhang mit der Kapitalüberlassung entstehenden Kosten mit dem Zins abzugelten.[63] Der Zins kann entsprechend kalkuliert und bis zur Grenze des § 138 BGB frei bestimmt werden. Im Ergebnis führt das dazu, dass die Entgelthöhe – was bei AGB-Klauseln ohnehin fernliegt – nicht im Hinblick auf ein einzelnes Geschäft kalkuliert werden kann, sondern bei einer Vielzahl von Geschäftsvorfällen typischerweise eine Mischkalkulation erfolgen wird.[64] Auf diese Weise kann auch dem wirtschaftlichen Risiko begegnet werden, dass ein anfänglicher Bearbeitungsaufwand des Kreditinstituts im Einzelfall möglicherweise

---

59 Vgl. BGH, Urteile vom 7. Dezember 2010 - XI ZR 3/10, BGHZ 187, 360 Rn. 46 und 49 sowie vom 8. November 2016 - XI ZR 552/15, BGHZ 212, 363 Rn. 49.

60 BGH, Urteile vom 16. Februar 2016 - XI ZR 454/14, BGHZ 209, 71 Rn. 47 und vom 17. Oktober 2017 - XI ZR 157/16, WM 2017, 2308 Rn. 35 m.w.Nachw.

61 BGH, Urteil vom 14. Januar 2014 - XI ZR 355/12, BGHZ 199, 355 Rn. 43 ff.

62 Vgl. etwa Casper, Zulässigkeit von Bankentgelten, in Bankrechtstag 2017, S. 13 f.; Bitter, ZBB 2007, 237, 242 f. sowie ZIP 2008, 2155, 2158 ff.; Herresthal, Fs. für Coester-Waltjen, 1109, 1121.

63 BGH, Urteile vom 13. Mai 2014 - XI ZR 405/12, BGHZ 201, 168 Rn. 46 und vom 4. Juli 2017- XI ZR 562/15, WM 2017, 1643 Rn. 72 ff.

64 BGH, Urteile vom 25. Oktober 2016 - XI ZR 9/15, BGHZ 212, 329 Rn. 38, vom 17. April 2018 - XI ZR 238/16, WM 2018, 1356 Rn. 27 und vom 4. Juli 2017 - XI ZR 233/16, WM 2017, 1652 Rn. 80 ff.

nicht kompensiert wird, wenn der Kunde den die Anlaufkosten auslösenden Vertrag, etwa ein Darlehen, vorzeitig kündigt.[65]

Das von Teilen der Literatur zur Begründung von Sonderentgelten in Anspruch genommene „Verursacherprinzip“, besitzt – nach inzwischen über 20 Jahre gefestigter Rechtsprechung – keine Grundlage im geltenden Preisrecht und kann, sofern die Erhebung gesonderter, anlassbezogener Entgelte nicht ausdrücklich gesetzlich zugelassen ist, mithin eine unzulässige Entgeltklausel nicht rechtfertigen.[66] Deswegen ist auch nur am Rande von Interesse, dass – soweit ersichtlich – durch ein solches "Verursacherprinzip" gerechtfertigte Kosten noch in keinem publizierten Rechtsstreit rechnerisch nachvollziehbar dargestellt worden sind. Auch in der Literatur wird meist keine rechtlichen Kriterien genügende und zugleich betriebswirtschaftlich begründete Abgrenzung konkret dargestellt. Vermutlich soll der auffällig inhaltsleere Begriff „Verursacherprinzip“, der selbst in juristischen Fachbeiträgen gelegentlich nur mit Versatzstücken aus der Werbelyrik[67] aufgefüllt wird, sachlich dazu dienen, in Geschäftsbedingungen beliebige Zusatzentgelte aufnehmen zu können.

Die Zurückhaltung der Rechtsprechung bei einer unreflektierten Übernahme – letztlich im Einzelfall kaum überprüfbarer – betriebswirtschaftlicher Erwägungen der Kreditinstitute deckt sich mit der neueren Intention des Gesetzgebers, laufzeitunabhängige Entgelte zu begrenzen. So ist etwa im neueren Darlehensrecht der Verbraucher von laufzeitunabhängigen, langfristig laufenden Entgeltkomponenten entlastet worden, indem § 500 Abs. 2 BGB, § 502 Abs. 3 BGB in der in der seit dem 11. Juni 2010 geltenden Fassung die Möglichkeit der vorzeitigen Rückzahlung eines Verbraucherdarlehens eröffnen und zugleich die vom Darlehensnehmer zu zahlende Vorfälligkeitsentschädigung deckeln. Eine Kompensation für dadurch nicht entgoltene Vertragskosten der Kreditinstitute ist nicht vorgesehen. Das führt nicht nur dazu, dass Klauseln, die weitergehende Aufschlä-

---

65 BGH Urteile vom 25. Oktober 2016 - XI ZR 9/15, WM 2017, 80 Rn. 38 f., vom 4. Juli 2017 - XI ZR 233/16, WM 2017, 1652 Rn. 84, vom 13. März 2018 - XI ZR 291/16 WM 2018, 1046 Rn. 32 und vom 4. Juli 2017- XI ZR 562/15, WM 2017, 1643 Rn. 77.

66 BGH, Urteile vom 18. Mai 1999 - XI ZR 219/98, BGHZ 141, 380, 385, vom 13. Februar 2001 - XI ZR 197/00, BGHZ 146, 377, 380 f., vom 30. November 2004 - XI ZR 200/03, BGHZ 161, 189, 190 f. und vom 22. Mai 2012 - XI ZR 290/11, BGHZ 193, 238 Rn. 53; siehe dazu auch schon Schimansky, WM 1995, 461, 463 f.

67 Siehe nur beispielhaft: Casper, Zulässigkeit von Bankentgelten, in Bankrechtstag 2017, S. 13: "All-inclusiv-Zwang", "für umme", "asketisch lebender Kunde", Banken sind "keine gemeinnützige Bedürfnisanstalten".

ge auf die Vorfälligkeitsentschädigung vorsehen, auch ohne Interessenabwägung wegen eines Verstoßes gegen eine zwingende (vgl. § 512 Satz 1 BGB) gesetzliche Regelung unwirksam sind,[68] sondern dürfte auch dem Versuch der Kreditwirtschaft entgegenstehen, die für nicht auskömmlich erachtete Vorfälligkeitsentschädigung durch laufzeitunabhängige Entgeltanteile schon bei Beginn des Kreditverhältnisses zu kompensieren.

Selbst in Fällen, in denen der Gesetzgeber ausdrücklich Nebenentgelte gebilligt hat, hat er in neuerer Zeit die Regelung der Entgelthöhe nicht den Vertragsparteien überlassen, sondern gesetzliche Preisregelungen geschaffen, die sogar Individualvereinbarungen erfassen. So müssen etwa im Recht der Zahlungsdienste die dort enumerativ genannten Nebenentgelte angemessen und an den tatsächlichen Kosten ausgerichtet sein (§ 675f Abs. 5 Satz 2 BGB). Zudem darf bei einzelnen Entgelten nur einen Teil des tatsächlich angefallenen Aufwands[69] berechnet werden (vgl. § 675p Abs. 4 S. 3 BGB). Das alles steht der ohnehin schwach begründeten Annahme entgegen, ein bankwirtschaftliches "Verursacherprinzip" könne ansonsten unangemessene Entgeltklauseln pauschal rechtfertigen.

4. Auslegung zur Klärung der Kontrollfreiheit

Diese Grundsätze lenken den Streit der Parteien zwangsläufig auf die Auslegung der Klausel als Preishauptabrede, Bepreisung einer Sonderleistung oder Preisnebenabrede. Diese Auslegung obliegt zwar zunächst den Tatsachengerichten, ist aber vom Revisionsgericht, da es sich um Allgemeinen Geschäftsbedingungen handelt, voll überprüfbar.[70]

Vergleichsweise einfach lässt sich die Kontrollfähigkeit dann bejahen, wenn die Klausel Aufwand betrifft, der für die Erfüllung einer nach dem Gesetz das Kreditinstitut treffende Verpflichtung anfällt. Das trifft nach

---

68 BGH Urteil vom 16. Februar 2016 - XI ZR 96/15, WM 2016, 704 Rn. 22 ff.

69 Zu den Auswirkungen dieser Regelungstechnik siehe auch BGH, Urteil vom 12. September 2017 - XI ZR 590/15, WM 2017, 2013 Rn. 41 ff, das die bis zum 12.1.2018 geltende Rechtslage betrifft.

70 BGH, Beschluss vom 21. August 2008 - X ZR 80/07, WuM 2009, 139 Rn. 8 und Urteile vom 5. Juli 2005 - X ZR 60/04, NJW 2005, 2919, vom 13. November 2012 - XI ZR 500/11, BGHZ 195, 298 Rn. 15 und vom 16. Februar 2016 - XI ZR 454/14, BGHZ 209, 71 Rn. 15.

ständiger Rechtsprechung des XI. Zivilsenats[71] etwa für Klauseln zu, mit der Kreditinstitute Kosten für die Führung von Pfändungsschutzkonten über ein höheres Entgelt auf den Kontoinhaber abwälzen wollen. Denn mit solchen Klauseln soll Aufwand des Kreditinstituts für die Erfüllung eigener aus § 850k Abs. 7 ZPO folgender gesetzlicher Verpflichtungen auf den Kunden abgewälzt werden. Nach dem eindeutigen Wortlaut dieser gesetzlichen Anordnung ist nämlich das Kreditinstitut verpflichtet, auf Wunsch des Kunden das vorhandene Girokonto als Pfändungsschutzkonto zu führen. Der gesetzliche Pfändungsschutz ist danach als eine vom Gesetz vorgesehen Zusatzleistung zu einem bestehenden oder neu eingerichteten Girokonto geregelt. Das steht – wovon auch der Gesetzgeber ausgegangen ist[72] – einer gesonderten Bepreisung entgegen.

Schwieriger ist häufig die Frage zu beantworten, für welche Leistung des Kreditinstitut das streitige Entgelt im Einzelfall verlangt. Diese Unsicherheit beruht darauf, dass in dem Wortlaut vieler Klauseln die konkrete Leistung, die bepreist werden soll, nur ungenau, gelegentlich auch gar nicht bezeichnet wird. Meist finden sich wenig aussagekräftige Bezeichnungen wie Bearbeitungsentgelt, allgemeine Gebühr oder Unkostenbeitrag. Nicht selten versucht auch das Kreditinstitut, erst während des Rechtsstreits durch erläuternden Vortrag die Entgeltklauseln bestimmten „Sonderleistungen" zuzuordnen, um dadurch einer Inhaltskontrolle der Klausel zu entgehen.

a) Maßstab der Auslegung

Für die Auslegung von Formularklauseln ist nach einer vom Bundesgerichtshof in ständiger Rechtsprechung angewendeten Formel entscheidend der objektive Gehalt und typische Sinn der betreffenden Klausel nach den Verständnismöglichkeiten eines rechtlich nicht vorgebildeten, redlich handelnden Durchschnittskunden unter Berücksichtigung der Interessen der regelmäßig beteiligten Verkehrskreise.[73] Dabei ist nach allgemeiner Auffassung der kontrollfreie Bereich der Hauptleistung eng auszulegen. Einer In-

71 BGH, Urteile vom 13. November 2012 - XI ZR 500/11, BGHZ 195, 298 Rn. 12 ff. und XI ZR 145/12, juris Rn. 17 ff. und vom 12. September 2017 – XI ZR 590/15, WM 2017, 2013 Rn. 54; siehe auch Grüneberg, WM 2018, 2157, 2161.

72 Siehe etwa BT-Drucks. 16/9733, S. 302 und BT-Drucks. 16/12714, S. 17.

73 Vgl. BGH, Urteile vom 20. Oktober 2015 - XI ZR 166/14, WM 2016, 35 Rn. 19 und vom 19. Januar 2016 - XI ZR 388/14, WM 2016, 457 Rn. 21.

haltskontrolle entzogen ist – so der Bundesgerichtshof – nur der enge Bereich der Leistungsbestimmungen, ohne deren Vorliegen mangels Bestimmtheit oder Bestimmbarkeit des wesentlichen Vertragsinhalts ein wirksamer Vertrag nicht mehr angenommen werden kann.[74] Das entspricht im Wesentlichen der Auffassung des EuGH, wonach Ausnahmen von dem im Rahmen des mit der Klauselrichtlinie geschaffenen Systems des Verbraucherschutzes restriktiv ausgelegt werden müssen.[75] Keine Berücksichtigung finden Verständnismöglichkeiten der Klausel, die zwar theoretisch denkbar, aber praktisch fernliegend und nicht ernstlich in Erwägung zu ziehen sind.[76]

b) Unklarheitenregel

Kommen nach Ausschöpfung dieser Auslegungsgrundsätze mehrere Möglichkeiten in Betracht, greift die Unklarheitenregel des § 305c Abs. 2 BGB,[77] wonach Zweifel zulasten des Verwenders gehen. Dies führt zu der – nur auf den ersten Blick überraschenden – Konsequenz, dass bei Anwendung des § 305c Abs. 2 BGB im Rahmen einer Klauselkontrolle im Allgemeinen zunächst die „kundenfeindlichste" Auslegung zugrunde zu legen ist. Diese erweist sich nämlich letztlich als die für den Kunden günstigere, denn sie eröffnet überhaupt erst den Zugang zu einer Inhaltskontrolle der Klausel.

c) Reichweite von Entscheidungen

Ungenauigkeiten bei der Wiedergabe betroffener Klauseln erschweren leider mitunter auch die Diskussion in der Literatur, in der nicht selten Entscheidungen des Bundesgerichtshofs eine vom Wortlaut der Begründung

---

74 Vgl. BGH, Urteil vom 25. Oktober 2016 – XI ZR 9/15, WM 2017, 80 Rn. 22.

75 EuGH, Urteil vom 20. September 2017 - Rs. C-186-16, WM 2017, 1974 Rn. 34.

76 BGH, Urteile vom 13. Mai 2014 - XI ZR 405/12, BGHZ 201, 168 Rn. 25, vom 27. Januar 2015 - XI ZR 174/13, WM 2015, 519 Rn. 12, vom 20. Oktober 2015 - XI ZR 166/14, WM 2016, 35 Rn. 19 und vom 19. Januar 2016 - XI ZR 388/14, WM 2016, 457 Rn. 21.

77 Vgl. etwa BGH Urteile vom 20. Oktober 2010 - XI ZR 166/14, BGHZ 207, 176 Rn. 31 und vom 12. September 2017 – XI ZR 590/15, WM 2017, 2013 Rn. 53, 57, 73; zur Geltung im unternehmerischen Rechtsverkehr: BGH, Urteil vom 28. Juli 2015 - XI ZR 434/14, BGHZ 206, 305 Rn. 31.

nicht gedeckte Reichweite zugemessen wird. So hat sich etwa nach dem klaren Wortlaut der Klausel und des daran anknüpfenden Urteilstenors die grundlegende Entscheidung des XI. Zivilsenats zu Entgelten bei Verbraucherdarlehensverträgen[78] mit einem "Bearbeitungsentgelt" – und auch nur damit – befasst. In Entscheidungsbesprechungen wird jedoch von Darlehensgebühren, einer Abschlussgebühr, einer Vorbereitungsgebühr, einer Prüfungsgebühr oder gar von einer hybriden Entgeltvereinbarung gesprochen. Nichts davon war Gegenstand der genannten Entscheidung des XI. Zivilsenats. Dort wird vielmehr darauf hingewiesen, dass in dem Gebührenaushang des Kreditinstituts das "Bearbeitungsentgelt" nicht näher beschrieben worden sei, sodass allein durch Auslegung geklärt werden müsse, welche Leistung damit entgolten werde. Auf Grundlage einer solchen Auslegung kommt der XI. Zivilsenat – ständiger Rechtsprechung folgend – zu der Feststellung, dieses konkrete „Bearbeitungsentgelt" solle den vorvertraglichen Aufwand abgelten, der im Zusammenhang mit der Prüfung der Kreditwürdigkeit des Verbrauchers und der Vertragsvorbereitung, etwa für die Führung der Kundengespräche, die Erfassung der Kundenwünsche und Kundendaten anfällt, sowie Kosten decken, die für die Ausfertigung und Prüfung des Vertrages, die Beschaffung und Ausreichung der Darlehensvaluta sowie möglicherweise auch für nach Vertragsschluss erforderliche weitergehende Abwicklungs-, Prüfungs- und Überwachungstätigkeiten anfallen.[79] Nicht Gegenstand dieses Verfahrens war somit, ob das verlangte Entgelt als Sonderentgelt für bestimmte den Kunden zugesagte Prüfungen des finanzierten Geschäfts oder vorvertraglichen Vereinbarungen hätte Bestand haben können.

---

78 BGH, Urteile vom 13. Mai 2014 - XI ZR 405/12, BGHZ 201, 168 Rn 27 ff.

79 BGH, Urteil vom 13. Mai 2014 - XI ZR 405/12, BGHZ 201, 168 Rn. 29.

III. Entgeltklauseln in Darlehensverträgen

1. Grundlegende Entscheidung vom 13. Mai 2014

Das grundlegende Urteil des XI. Zivilsenats vom 13. Mai 2014[80] zu Bearbeitungsgebühren in Darlehensverträgen ist erst nach einer mehrere Jahre andauernden Diskussion in der Instanzrechtsprechung und Literatur ergangen. Zuvor sind zahlreiche Verhandlungstermine durch kurzfristige Rücknahme der Rechtsmittel gescheitert. Insoweit befand sich nämlich die Kreditwirtschaft in der komfortablen Situation, dass der Bundesgerichtshof in älteren Entscheidungen[81] – allerdings zuletzt ohne nähere Begründung – entsprechende Entgelte nicht beanstandet hatte.

a) Leitbild: keine Bepreisung der Erfüllung eigener Pflichten

In dem Urteil vom 13. Mai 2014 hat der Bundesgerichtshof die soeben dargestellten, allgemeinen Grundsätze auf Bearbeitungsgebühren für Darlehensverträge angewendet. Entscheidend war danach zunächst das oben genannte gesetzliche Leitbild, dass für Tätigkeiten, zu deren Erbringung der Klauselverwender bereits gesetzlich bzw. aufgrund einer vertraglichen Nebenpflicht verpflichtet ist oder die er vorwiegend im eigenen Interesse vornimmt, ein Entgelt nicht beansprucht werden kann.

b) Sonderleitbild: Zins als Preis für Kapitalnutzung

Ohne dass die anfänglichen Entscheidungen zu Bearbeitungsentgelt für Darlehensverträge dies erfordert hätten, hat der XI. Zivilsenat seine Argumentation seit der grundlegenden Entscheidung aus dem Jahr 2014 auf einen zweiten, speziell darlehensrechtlichen Leitbildverstoß gestützt: Er hat die Regelung in § 488 Abs. 1 Satz 2 BGB, wonach der Darlehensneh-

---

80 BGH, Urteil vom 13. Mai 2014 - XI ZR 405/12, BGHZ 201, 168 ff.

81 Vgl. etwa BGH, Urteile vom 29. Mai 1990 - XI ZR 231/89, BGHZ 111, 287, 293, vom 5. Mai 1992 - XI ZR 242/91, NJW 1992, 2560, 2563 und vom 14. September 2004 - XI ZR 11/04, WM 2004, 2306, 2308.

mer einen geschuldeten, laufzeitabhängigen Zins zu zahlen hat, als Leitbild im Sinne des § 307 Abs. 2 Abs. 2 Nr. 1 BGB angesehen. Konsequent sind seitdem Entscheidungen zu Entgeltklauseln in Darlehensverträgen nahezu durchgängig doppelt begründet. Zum einen gehört es – wie ausgeführt – zu den Grundlagen des materiellen Zivilrechts, dass ein Entgelt für die Erfüllung eigener vertraglicher Neben- oder gesetzlicher Pflichten nicht verlangt werden kann. Ein weiteres Leitbild enthält die Grundentscheidung des § 488 Abs. 1 Satz 2 BGB, dass der laufzeitabhängige Zins der Preis und damit die Gegenleistung für die Überlassung der Darlehensvaluta ist.[82]

aa) Leitbild in § 488 Abs. 1 Satz 2 BGB

Seit der Schuldrechtsreform ist in § 488 Abs. 1 Satz 2 BGB – abweichend von den früheren Regelungen in den §§ 607, 608 BGB aF – der Zins als Entgelt für die Kapitalnutzung bezeichnet worden. Zins im Sinne des BGB ist die nach der Laufzeit des Darlehens bemessene, gewinn- und umsatzunabhängige Vergütung für die Möglichkeit des Gebrauchs auf Zeit überlassenen Kapitals.[83] Der laufzeitabhängige Zins dient damit nach der Intention des Gesetzgebers nicht nur als Entgelt für die Belassung der Darlehensvaluta, sondern mit ihm werden zugleich interne Kosten im Zusammenhang mit der Kapitalüberlassung abgegolten.[84]

Der Zins als Entgelt für die Hauptleistung grenzt sich von Nebenentgelten durch das Merkmal der Laufzeitabhängigkeit ab.[85] Oder umgekehrt: Entgelte die laufzeitabhängig ausgestaltet sind, sind bei Darlehen nicht als Hauptleistung einer Inhaltskontrolle entzogen. Diese Grundsätze gelten, wie die systematische Einordnung des § 488 BGB als allgemeine Vorschrift

---

82 Vgl. BGH, Urteile vom 13. Mai 2014 - XI ZR 405/12, BGHZ 201, 168 Rn. 32 ff., vom 4. Juli 2017 - XI ZR 562/15, WM 2017, 1643 Rn. 29 und vom 6. Juni 2018 - XI ZR 790/16, WM 2018, 1363 Rn. 44.

83 BGH, Urteil vom 13. Mai 2014 - XI ZR 405/12, BGHZ 201, 168 Rn. 45; siehe auch schon RGZ 86, 399, 400 f. sowie BGH, Urteile vom 9. November 1978 - III ZR 21/77, NJW 1979, 805, 806 und vom 29. Juni 1979 - III ZR 156/77, NJW 1979, 2089, 2090.

84 BGH, Urteile vom 13. Mai 2014 - XI ZR 405/12, BGHZ 201, 168 Rn. 45 f., vom 8. November 2016 - XI ZR 552/15, WM 2017, 87 Rn. 22 und vom 9. Mai 2017 - XI ZR 308/15, BGHZ 215, 23 Rn. 28.

85 Vgl. auch schon Canaris, NJW 1978, 1891, 1892.

des Darlehensrechts zeigt, in gleicher Weise für Verbraucher- wie für Unternehmerdarlehen.[86]

bb) Bedeutung des neuen Leitbilds

Die Brisanz dieses zweiten Leitbilds für Darlehensgebühren wurzelt in dieser Definition des Zinses. Denn Zins ist eine nach der Laufzeit des Darlehens bemessene gewinn- und umsatzunabhängige Vergütung für die Möglichkeit der Nutzung des auf Zeit überlassenen Kapitals.[87] Zeitlich entsprechen sich damit beim Gelddarlehen nach § 488 Abs. 1 BGB die im Gegenseitigkeitsverhältnis stehenden Hauptleistungspflichten: Der Darlehensgeber hat dem Darlehensnehmer den vereinbarten Geldbetrag zur Nutzung während der vereinbarten Vertragslaufzeit zur Verfügung stellen,[88] während der Darlehensnehmer als Gegenleistung während dieser Zeit den vertraglich vereinbarten Zins zu zahlen hat. Nach dem Leitbild des Darlehensvertrags stellt folglich der laufzeitabhängige Zins den Preis für die Kapitalnutzung dar.[89]

Dieses zweite Leitbild kann bei Darlehensverträgen auch dann Wirkung entfalten, wenn das Kreditinstitut in AGB laufzeitabhängig anfallenden Aufwand, den es für den Darlehensnehmer erbringt, laufzeitunabhängig bepreist. Weiter grenzt es die Preisfindung bei Darlehensverträgen, die bei Verwendung von Allgemeinen Geschäftsbedingungen zu einem laufzeitabhängigem Zins führen muss, von allgemeinen Preisanpassungsklauseln ab, die jedenfalls im kaufmännischen Bereich einer richterlichen Inhaltskontrolle im Grundsatz nicht unterworfen sind.[90]

---

86 BGH, Urteile vom 4. Juli 2017 - XI ZR 562/15, WM 2017, 87 Rn. 29 und XI ZR 233/16, WM 2017, 1652 Rn. 38; BGH, Beschlüsse vom 24. April und 25. Juni 2018 – X ZR 335/17, juris.

87 BGH, Urteile vom 13. Mai 2014 - XI ZR 405/12, BGHZ 201, 168 Rn. 43 mwN.

88 Vgl. dazu auch BT-Drucks. 14/6040, S. 252.

89 BGH Urteile vom 13. Mai 2014 - XI ZR 405/12, BGHZ 201, 168 Rn. 32 ff. und vom 4. Juli 2017 - XI ZR 562/15, WM 2017, 1643 Rn. 29; vgl. dazu auch schon RGZ 86, 399, 400 f.; BGH, Urteile vom 9. November 1978 - III ZR 21/77, NJW 1979, 805, 806, vom 29. Juni 1979 - III ZR 156/77, NJW 1979, 2089, 2090, vom 7. Juni 2011 - XI ZR 388/10, BGHZ 190, 66 Rn. 23 mwN und vom 7. Mai 1991 - XI ZR 244/90, BGHZ 114, 330, 333.

90 Vgl. etwa BGH, Urteil vom 14. Mai 2014 - VIII ZR 114/13, ZIP 2014, 1435 Rn. 42 ff.

cc) Kritik

Soweit in der Literatur[91] die Auffassung vertreten wird, der in § 488 Abs. 1 Satz 2 BGB genannte Zins präge nicht das Leitbild eines laufzeitabhängigen Entgelts für die Kapitalnutzung, wird dabei nach Ansicht der Rechtsprechung der Wortlaut der Vorschrift nicht ausreichend gewichtet.[92] § 488 BGB legt ausweislich der amtlichen Überschrift die vertragstypischen Pflichten beim Darlehensvertrag fest. Nach der Gesetzgebungsgeschichte wollte der Gesetzgeber mit der Neufassung des § 488 BGB im Rahmen der Schuldrechtsreform in Abgrenzung zu der bis dahin geltenden Rechtslage nicht nur das entgeltliche Darlehen als gesetzlichen Regelfall ansehen, sondern zudem die charakteristischen Hauptleistungspflichten beim Darlehen in besonderer Weise herausstellen.[93] Den denkbaren und damals diskutierten Weg, zwischen dem Darlehensvertrag als Grundlage der Kapitalüberlassung und einem Vorvertrag oder Bereitstellungsvertrag zu unterscheiden, und damit ein Entgelt für diesen Vorvertrag zu ermöglichen, hat der deutsche Gesetzgeber nicht beschritten.[94] § 488 Abs. 1 Satz 2 BGB kommt danach als Basisnorm des Darlehensrechts sowohl für Verbraucherdarlehen[95] als auch für Unternehmerdarlehen[96] Leitbildfunktion zu.[97] Da der in § 488 BGB genannte Zins – wie ausgeführt – nach weitgehend akzeptierter Formel als synallagmatisches, laufzeitabhängiges Entgelt für die Kapital-

91 Vgl. etwa Piekenbrock/Ludwig, WM 2012, 2349, 2351 f., Salger, jurisPR-BKR 11/2017 Anm. 3; zuletzt vgl. Bitter/Linardatos, ZIP 2018, 1203; Bausch, NJW 2018, 2953, 2954; anders Staudinger/Freitag, BGB § 488, Neubearbeitung 2015, Rn. 181, 184.

92 BGH, Urteil vom 13. Mai 2014 - XI ZR 405/12, BGHZ 201, 168 Rn. 68; siehe auch BGH, Urteil vom 16. Oktober 2018 - XI ZR 593/16, WM 2018, 2183 Rn. 24.

93 Vgl. Gesetzesentwurf, BT-Drucks. 14/6040, S. 253; siehe auch BGH, Urteile vom 13. Mai 2014 - XI ZR 405/12, BGHZ 201, 168 Rn. 68 und vom 16. Oktober 2018 - XI ZR 593/16, WM 2018, 2183 Rn. 24.

94 Deswegen für die deutsche Rechtslage ohne Bedeutung, Piekenbrock/Ludwig, WM 2012, 2349, 2351.

95 BGH, Urteile vom 13. Mai 2014 - XI ZR 405/12, BGHZ 201, 168 Rn. 63 ff. und XI ZR 170/13, WM 2014, 1325 Rn. 71 ff.

96 Vgl. Senatsurteile vom 4. Juli 2017 - XI ZR 562/15, BGHZ 215, 172 Rn. 37 ff. und XI ZR 233/16, WM 2017, 1652 Rn. 45 ff.

97 Seit BGH, Urteil vom 13. Mai 2014 - XI ZR 405/12, BGHZ 201, 168 Rn. 68 ständige Rechtsprechung.

überlassung definiert wird,[98] können laufzeitabhängige Entgelte keine Zinsen im Sinne des bürgerlichen Rechts darstellen.[99]

c) Kontrollfähigkeit

Mit dem nunmehr zur Verfügung stehenden Kriterium der Laufzeitabhängigkeit des Entgelts für die Hauptleistung im Darlehensvertrag gelingt der Rechtsprechung in vielen Fällen auf einfache Weise eine Abschichtung der Preishaupt- von Preisnebenabreden.

aa) Preishauptabrede nach § 488 BGB

Nicht kontrollfähig sind nach § 307 Abs. 3 Satz 1 BGB Regelungen über den Preis für die Hauptleistung. Hauptleistung des Kreditinstituts ist beim Darlehen die Kapitalnutzung während der vereinbarten Laufzeit. Folglich ist – neben etwaigen kontrollfreien Entgelten für Sonder- oder Zusatzleistungen – lediglich das dafür geleistete Entgelt einer Inhaltskontrolle im Sinne von § 307 Abs. 3 Satz 1 BGB entzogen. Das ist der vereinbarte laufzeitabhängige Zins.[100]

Dass laufzeitunabhängige Kosten in die Ermittlung des effektiven Jahreszinses eines Darlehens einzubeziehen sind, trägt zur Unterscheidung von Entgelt für Hauptleistungs- bzw. Nebenleistungspflicht im Darlehensvertrag nichts bei. Die damit angesprochenen Regelungen der PAngV dienen der Herstellung von Preistransparenz, erfordern deshalb unabhängig von deren Berechtigung die Berücksichtigung aller Kostenpositionen und stellen folglich keine materiellrechtliche Rechtsgrundlage für Entgeltforderungen der Kreditwirtschaft dar.[101] Auch sind etwa in die Beurteilung der Sittenwidrigkeit eines Darlehensvertrages nach § 138 BGB neben den laufzeitabhängigen Zinsen vereinbarte laufzeitunabhängige Kosten einzube-

---

98 Vgl. nur Staudinger/Freitag, BGB, Neubearbeitung 2015, § 488 Rn. 181 mwN; Palandt/Grüneberg, BGB, 77. Aufl., § 246 Rn. 2.

99 So auch schon BGH, Urteil vom 9. November 1978 - III ZR 21/77, WM 1979, 225, 227 f., unzutreffend insoweit Bitter/Linardatos, ZIP 2018, 1203.

100 BGH, Urteile vom 13. Mai 2014 - XI ZR 405/12, BGHZ 201, 168 Rn. 31 ff. und vom 4. Juli 2017 - XI ZR 562/15, BGHZ 215, 172 Rn. 29.

101 Vgl. BGH, Urteil vom 13. Mai 2014 - XI ZR 405/12, BGHZ 201, 168 Rn. 36 ff., Rn. 71.

ziehen,[102] ohne dass sich daraus die Kontrollfreiheit entsprechender Kostenklauseln ableiten lässt.

bb) Aufspaltung der Entgeltvereinbarung

Einem Klauselverwender ist es freilich nicht verwehrt, den Preis für die Hauptleistung in mehrere Bestandteile oder Teilentgelte aufzuspalten. Das gilt auch für das in § 488 BGB geregelte Darlehen. Deswegen kann auch auf Grundlage dieser neueren Rechtsprechung der Darlehensgeber neben dem Zins ein Disagio als zinsähnliches, laufzeitabhängiges (Teil-)Entgelt für die zeitweilige Kapitalnutzung in Gestalt eines Einmalentgelts erheben, das dadurch integraler Bestandteil der laufzeitabhängigen Zinskalkulation ist.[103] Ein solches Disagio stellt einen Ausgleich für einen niedrigeren Nominalzins und damit ein zinsähnliches (Teil-)Entgelt in Form einer Einmalzahlung dar, welches bei einer vorzeitigen Vertragsbeendigung anteilig zu erstatten ist.[104] Damit ist das Disagio Teil der kontrollfreien Preishauptabrede, denn es handelt sich um Entgelt im Sinne des § 488 Abs. 1 Satz 2 BGB.[105] Auf die Frage, ob und gegebenenfalls welcher Aufwand des Kreditinstitut mit dem Disagio gedeckt werden soll, kommt es nicht an.[106]

d) Inhaltskontrolle

Weicht danach die Entgeltklausel von wesentlichen Grundgedanken der gesetzlichen Regelung ab, ist eine unangemessene Benachteiligung des Ver-

---

102 Siehe nur BGH, Urteil vom 9. November 1978 - III ZR 21/77, WM 1979, 225, 226 ff.; Palandt/Ellenberger, BGB, 77. Aufl., § 138 Rn. 26.

103 BGH, Urteile vom 29. Mai 1990 - XI ZR 231/89, BGHZ 111, 287, 289 f., vom 4. April 2000 - XI ZR 200/99, WM 2000, 1243, 1244 und vom 13. Mai 2014 - XI ZR 405/12, BGHZ 201, 168 Rn. 42; BGH, Beschluss vom 24. April 2018 - XI ZR 335/17, juris.

104 Vgl. Senatsurteile vom 29. Mai 1990 - XI ZR 231/89, BGHZ 111, 287, 289 f., vom 8. Oktober 1996 - XI ZR 283/95, BGHZ 133, 355, 358, vom 4. April 2000 - XI ZR 200/99, WM 2000, 1243, 1244 und vom 6. Juni 2018 - XI ZR 790/16, WM 2018, 1363 Rn. 43.

105 Vgl. BGH, Beschlüsse vom 24. April 2018 - XI ZR 335/17 und vom 22. Juni 2018, jeweils juris.

106 Vgl. BGH, Beschluss vom 24. April 2018 - XI ZR 335/17, juris und Urteil vom 13. Mai 2014 - XI ZR 405/12, BGHZ 201, 168 Rn. 86.

tragspartners indiziert.[107] Eine Widerlegung der Vermutung des § 307 Abs. 2 Nr. 1 BGB gelingt, wenn die Klausel nach umfassender Interessenabwägung den Vertragspartner nicht unangemessen benachteiligt. Das kommt in Betracht, wenn die Abweichung vom gesetzlichen Leitbild sachlich gerechtfertigt oder der gesetzliche Schutzzweck auf andere Weise sichergestellt ist.[108] Wie bei zusätzlich erhobenen Gebühren allgemein zu erwarten ist, sind für Bearbeitungsgebühren in Darlehensverträgen Umstände, die im Einzelfall eine unangemessene Benachteiligung der Kunden (§ 307 Abs. 1 Satz 1 BGB) widerlegen könnten, meist nicht vorgetragen worden und auch sonst nicht ersichtlich.

2. Förderdarlehen

In einem Ausnahmefall hat der XI. Zivilsenat eine Benachteiligung der Darlehensnehmer durch laufzeitunabhängige Bearbeitungsentgelte verneint, weil es sich um die zweckgebundene Gewährung besonders günstiger Fördermittel handelte und das streitige Bearbeitungsentgelt Teil der von der Förderbank vorgegebenen Förderbedingungen war. Dafür ist weiter eine Unterschreitung des Marktzinses erforderlich und das Darlehen muss der Umsetzung staatlicher Wirtschaftsförderung dienen.[109] Diese Grundsätze korrespondieren mit der Neufassung von § 491 Abs. 2 Nr. 5 BGB, der nunmehr für bestimmte Förderdarlehen eine Bereichsausnahme von den Regelungen des Verbraucherdarlehensrechts vorsieht. Eine allgemeine Anwendung auf Darlehen, deren Konditionen günstiger sind als übliche Marktpreise, kommt jedoch nicht in Betracht,[110] denn diese Rechtsprechung ist auf Fälle beschränkt, in denen das Darlehen der Umsetzung staatlicher Wirtschaftsförderung dient und die streitige Klausel dem Klauselverwender durch damit verknüpfte Förderbedingungen vorgegeben worden ist.[111]

---

107 BGH, Urteile vom 21. April 2009 - XI ZR 78/08, BGHZ 180, 257 Rn. 21 und vom 13. Mai 2014 - XI ZR 405/12, BGHZ 201, 168 Rn. 66.

108 BGH, Urteil vom 4. Juli 2017 - XI ZR 233/16, WM 2017, 1652 Rn. 49 m.w.N.

109 BGH, Urteil vom 17. Oktober 2017 - XI ZR 157/16, WM 2017, 2308 Rn. 34 f. mwN.

110 Vgl. etwa BGH Urteil vom 17. Oktober 2017 - XI ZR 157/16, WM 2017, 2308 Rn. 35 m.w.N.

111 BGH, Urteil vom 13. März 2018 - XI ZR 291/16 WM 2018, 1046 Rn. 33.

3. Avalkredite

Auch eine formularmäßig vereinbarte "Bearbeitungsgebühr", die ein Kreditinstitut im Rahmen eines Avalkreditvertrages verwendet, unterliegt der Inhaltskontrolle. Bei einem Avalkreditvertrag handelt es sich um einen Geschäftsbesorgungsvertrag im Sinne des § 675 BGB,[112] in dem die Verpflichtung zur Zahlung der Avalprovision die Hauptleistungspflicht des Kunden darstellt.[113] Ob die im Rahmen eines Geschäftsbesorgungsvertrags darüber hinaus bestehende Verpflichtung des Kunden, Aufwendungsersatz nach § 675 Abs. 1, § 670 BGB zu leisten, als Hauptleistungs- oder Nebenleistungspflicht zu qualifizieren ist, ist für die Beurteilung von klassischen "Bearbeitungsentgelten" ohne Bedeutung, da damit kein Aufwendungsersatz geltend gemacht wird. Denn dieser verlangt nach § 670 BGB eine fremdnützige Tätigkeit, insbesondere nach Weisung im Rahmen eines Geschäftsbesorgungsvertrages (§§ 675, 665 BGB) oder Auftrags (§ 662 BGB) oder zumindest im mutmaßlichen Fremdinteresse (§§ 677, 683 BGB). Vermögensopfer, die – wie Bearbeitungsentgelte – zu eigenen Zwecken des Klauselverwenders erbracht werden, sind danach keine ersatzfähigen Aufwendungen.[114] Nicht zu entscheiden hatte der XI. Zivilsenat bisher die anschließende Frage, ob in Klauseln zu Avalkreditverträgen laufzeitunabhängige Einmahlentgelte für die Hauptleistung vereinbart werden können, da dort das Leitbild des § 488 Abs. 1 ZPO nicht gelte.[115]

4. Unternehmerdarlehen

Die Grundsatzentscheidung zu den Verbraucherdarlehen vom 13. Mai 2014 hat die Diskussion befeuert, ob für Gebührenklauseln bei Unternehmerdarlehen dieselben Grundsätze gelten. Konkret lauteten die zentralen Fragen: Gibt es ein Sonderleitbild für Unternehmerdarlehen, das eine Inhaltskontrolle solcher Klauseln unterbindet und – sollte die Inhaltskontrolle eröffnet sein – welche Reichweite besitzen die nach § 310 Abs. 1 Satz 2 Halbsatz 2 BGB im Handelsverkehr zu beachtenden Gewohnheiten und

---

112 BGH, Urteil vom 19. September 1985 - IX ZR 16/85, BGHZ 95, 375, 380 f.

113 BGH, Urteil vom 17. April 2018 - XI ZR 238/16, WM 2018, 1356 Rn. 24.

114 BGH, Urteile vom 8. Mai 2012 - XI ZR 437/11, WM 2012, 1344 Rn. 41 und vom 17. April 2018 - XI ZR 238/16, WM 2018, 1356 Rn. 24.

115 Vgl. zur Diskussion über solche Gestaltungen: Kropf, BKR 2018, 423, 425; Nobbe, WuB, 2018,491, 400.

Gebräuche. In den Jahren bis zur Beantwortung dieser Fragen ist die wohl umfangreichste Diskussion im Bankenrecht geführt worden. In der Literatur wird bedauert, dass zu keiner anderen Klauselkonstellation ein so gewaltiger argumentativer Aufwand betrieben worden sei, um zumindest die Angemessenheit von Bearbeitungsentgelten für den unternehmerischen Verkehr zu begründen, ohne dass dies beim Bundesgerichtshof Erfolg gehabt habe.[116] Dieses meist mit dem Hinweis auf Wettbewerbsnachteile deutscher Großunternehmen verbundene Lamento betrifft freilich nicht allein die Rechtsprechung des für das Bankenrecht zuständigen XI. Zivilsenat, sondern richtet sich in ähnlicher Weise gegen Urteile des VIII. Zivilsenats sowie des VII. Zivilsenats.[117]

a) Sonderleitbild Unternehmerdarlehen?

Der XI. Zivilsenat hat auch in Klauseln zu Bearbeitungsentgelten für Unternehmerdarlehen keine kontrollfreien Preishauptabreden gesehen. Das war nicht überraschend, da insoweit das Gesetz keinen Unterschied zwischen Unternehmer- und Verbraucherdarlehen kennt. Nach allgemeinem Darlehensrecht ist der gemäß § 488 Abs. 1 Satz 2 BGB zu zahlende Zins das einer Inhaltskontrolle entzogene Entgelt für die Hauptleistung im Sinne von § 307 Abs. 3 Satz 1 BGB, hier die Gewährung der Kapitalnutzung. Wie die systematische Einordnung des § 488 BGB als allgemeine Vorschrift des Darlehensrechts zeigt, gilt diese Norm in gleicher Weise für Verbraucher- wie für Unternehmerdarlehen.

Etwas anderes ergibt sich auch nicht aus § 354 Abs. 1 HGB. Denn diese gelegentlich nur mit dem verkürzten Inhalt, „ein Kaufmann erbringe keine Leistung umsonst“ referierte Norm, betrifft beim Darlehen lediglich den Zins als Entgelt für die Kapitalnutzung. Voraussetzung des § 354 Abs. 1 HGB zugrunde liegenden Erfahrungssatzes für den Handelsverkehr[118] ist nämlich, dass der Kaufmann „einem anderen Geschäfte besorgt oder Dienste leistet“. Damit entspricht gerade der Wortlaut von § 354 Abs. 1 HGB der von der Rechtsprechung angewendeten Abgrenzung bepreisbarer Sonderleistungen von Tätigkeiten, die der Unternehmer im eigenen Interesse erbringt. Wird also ein Kaufmann im eigenen Interesse tätig, ist § 354 HGB selbst dann nicht anwendbar, wenn diese Bemühungen

116 Graf von Westphalen, BB 2017, 2051, 2057 f.
117 Vgl. etwa Schmid-Burgk, BB 2018, 1799, 1801 ff.
118 MünchKommHGB/Karsten Schmidt, 3. Aufl., HGB § 354 Rn. 1.

des Kaufmanns im Ergebnis auch dem Vertragspartner zugutekommen. Folglich gilt auch für Unternehmerdarlehen der allgemeine Grundsatz: Nicht jede Tätigkeit des Kreditinstituts kann von vornherein gesondert bepreit werden, sondern entscheidend ist, in wessen Interesse diese Tätigkeit erbracht wird.[119]

b) Kontrollfähigkeit

Damit gelten für die Eröffnung der Inhaltskontrolle im Wesentlichen die Grundsätze, die die Rechtsprechung auf entsprechende, gegenüber Verbrauchern verwendete Klauseln anwendet. Denn die Zurverfügungstellung der Darlehenssumme, die Überprüfung der Bonität und die Bewertung von Sicherheiten sind Tätigkeiten, die die Bank zuvörderst im eigenen Interesse erbringt.[120] Dass der Vertragspartner der Bank damit im Einzelfall zugleich Hinweise auf die die Einschätzung seiner wirtschaftlichen Situation durch das Kreditinstitut erhalten kann,[121] gilt zum einen auch für Verbraucherdarlehen und beruht zum anderen lediglich auf einem reflexartigen Nebeneffekt des im eigenen Interesse der Bank entstandenen Aufwands.

Soweit Kreditinstitute darauf verweisen, in Einzelfällen, etwa bei einer langfristigen gewerblichen Immobilienfinanzierung, reiche ihre Tätigkeit über eine schlichte Bonitätsprüfung hinaus und umfasse häufig auch die Ermittlung und Objektivierung von Grundlagen der in Aussicht genommenen Immobilienfinanzierung, erfolgt auch dies im eigenen Interesse der Bank. Etwas anderes mag gelten, wenn der Kunde dem Kreditinstitut einen Auftrag erteilt, konkrete Überprüfungen durchzuführen. Allein die mögliche Verwendbarkeit einzelner Erkenntnisse des Kreditinstituts durch den Darlehensnehmer ersetzt jedoch nicht die erforderliche Vereinbarung einer selbstständig zu entgeltenden – regelmäßig mit Haftungsrisiken verbundenen – Sonderleistung.[122]

---

119 BGH, Urteil vom 4. Juli 2017- XI ZR 562/15, WM 2017, 1643 Rn. 31 f.; siehe dazu auch schon BGH, Urteil vom 15. Juli 1997 - XI ZR 269/96, NJW 1997, 2752, 2753; vgl. BeckOK HGB, Häublein/Hoffmann-Theinert, 21. Ed., Stand: 15.07.2018, § 354 HGB Rn. 15.

120 BGH, Urteil vom 4. Juli 2017- XI ZR 562/15, WM 2017, 1643 Rn. 32 f.

121 Vgl. dazu Hanke/Adler, WM 2015, 1313, 1315 und Lang/Schulz, WM 2015, 2173, 2178.

122 BGH, Urteil vom 4. Juli 2017- XI ZR 562/15, WM 2017, 1643 Rn. 36.

c) Inhaltskontrolle

aa) Verstoß gegen ein Leitbild

Der danach eröffneten Inhaltskontrolle halten Klauseln, die allgemeine Bearbeitungsgebühren für Unternehmerdarlehen vorgesehen, nach den vom XI. Zivilsenat allgemein für Darlehen entwickelten Grundsätzen nicht stand (§ 307 Abs. 2 Nr. 1 BGB). Denn das vom Darlehensnehmer zu leistende Entgelt ist laufzeitunabhängig ausgestaltet und weicht daher von dem gesetzlichen Leitbild des § 488 Abs. 1 Satz 2 BGB ab, das ein laufzeitabhängiges Entgelt für die Darlehensgewährung vorsieht.[123] Dieses Leitbild gilt – wie ausgeführt – für Unternehmerdarlehen in gleicher Weise wie für Verbraucherdarlehen.[124]

Unabhängig davon sind solche Klauseln in Unternehmerdarlehen unwirksam, weil damit Kosten auf den Vertragspartner des Verwenders abgewälzt werden, die für die Erfüllung von dessen Hauptleistungspflicht anfallen. Denn auch im Handelsverkehr gehört es zu den wesentlichen Grundlagen des dispositiven Gesetzesrechts, dass jeder Rechtsunterworfene für Tätigkeiten, zu denen er gesetzlich oder nebenvertraglich verpflichtet ist oder die er überwiegend im eigenen Interesse erbringt, kein gesondertes Entgelt verlangen kann.[125]

bb) Angemessenheit durch Kompensation

Solche Klauseln sind gegenüber Unternehmer auch nicht dadurch gerechtfertigt, dass diese möglicherweise in der Lage sind, die durch Erhebung eines Bearbeitungsentgelts entstehenden zusätzlichen Belastungen auf nachgelagerte Handelsstufen oder auf Endkunden abzuwälzen.[126] Zwar ist anerkannt, dass zum Nachteil des Vertragspartners von dispositivem Recht abweichende Klauseln durch Gewährung anderer rechtlicher Vorteile sach-

---

123 BGH, Urteile vom 4. Juli 2017- XI ZR 562/15, WM 2017, 1643 Rn. 38, vom 13. Mai 2014 - XI ZR 405/12, BGHZ 201, 168 Rn. 67 f. und vom 16. Februar 2016 - XI ZR 454/14, WM 2016, 699 Rn. 40.

124 BGH, Urteile vom 4. Juli 2017- XI ZR 562/15, WM 2017, 1643 Rn. 38.

125 BGH, Urteile vom 4. Juli 2017- XI ZR 562/15, WM 2017, 1643 Rn. 39, vom 13. Mai 2014 - XI ZR 405/12, BGHZ 201, 168 Rn. 66 und vom 16. Februar 2016 - XI ZR 454/14, WM 2016, 699 Rn. 39.

126 Vgl. Hanke/Adler, WM 2015, 1313, 1317 f.; Lang/Schulz, WM 2015, 2173, 2174; anders Koch, WM 2016, 717, 721 f.

lich ausgeglichen werden können.[127] Die Kompensation einer den Verwender einseitig begünstigenden Klausel kann aber nur durch Vorteile erfolgen, die dem Vertragspartner vom Klauselverwender gewährt werden. Damit ist es für die Angemessenheit einer solchen Entgeltklausel ohne Bedeutung, ob es dem einzelnen Darlehensnehmer gelingt, zusätzlichen finanziellen Aufwand, der ihm durch die Entgeltklausel entsteht, auf seine Kunden abzuwälzen.[128]

Das gilt in gleicher Weise für mögliche steuerliche Vorteile, die der Vertragspartner des Klauselverwenders für die Entrichtung eines Bearbeitungsentgelts erlangen kann. Auch diese beruhen nicht auf einem kompensierenden Entgegenkommen des Klauselverwenders, sondern sind im Einzelfall Folge der konkreten steuerlichen Situation von dessen Vertragspartner. Unabhängig davon sind AGB-Klauseln im Rahmen der Angemessenheitsprüfung aus überindividueller und generalisierender Sicht zu beurteilen, sodass es nicht auf die mögliche steuerliche Gestaltung im Einzelfall ankommt. Eine allenfalls bedeutsame einheitliche steuerliche Interessenlage bei unternehmerischen Krediten gibt es jedoch nicht. Vielmehr bestehen vielfältige steuerliche Gestaltungsmöglichkeiten,[129] die einer allgemeinen Aussage zum steuerlichen Interesse von Unternehmern bei Zahlung eines laufzeitunabhängigen Bearbeitungsentgelts zu Beginn des Vertragsverhältnisses entgegenstehen.[130]

Ebenso wie bei Verbrauchern kann auch bei Unternehmern die unangemessene Benachteiligung durch formularmäßig vereinbarte Entgelte nicht durch einen – möglicherweise – niedrigeren Zinssatz ausgeglichen werden. Denn nach gefestigter Rechtsprechung der damit befassten Senate des Bundesgerichtshofs rechtfertigt im Rahmen einer Inhaltskontrolle von Formularklauseln nach § 307 BGB eine möglicherweise günstiger Preis für die Hauptleistung nicht die unangemessene Benachteiligung durch eine Entgeltklausel.[131]

---

127 Vgl. BGH, Urteile vom 23. April 1991 - XI ZR 128/90, BGHZ 114, 238, 242 f. und 246 und 21. April 2015 - XI ZR 200/14, WM 2015, 1232 Rn. 18.

128 BGH Urteil vom 4. Juli 2017- XI ZR 562/15, WM 2017, 1643 Rn. 44.

129 Vgl. etwa van Bevern/Schmitt, BKR 2015, 323, 329.

130 BGH vom Urteil vom 4. Juli 2017- XI ZR 562/15, WM 2017, 1643 Rn. 49.

131 BGH, Urteile vom 16. November 1992 - II ZR 184/91, BGHZ 120, 216, 226, vom 27 März 1991 - IV ZR 90/90, NJW 1991, 1678, 1679, vom 4. September 2013 - IV ZR 215/12, BGHZ 199, 170 Rn. 43 und vom 4. Juli 2017- XI ZR 562/15, WM 2017, 1643 Rn. 48.

cc) Gewohnheiten und Gebräuche des Handelsverkehrs

Bei der Inhaltskontrolle Allgemeiner Geschäftsbedingungen, die gegenüber einem Unternehmer verwendet werden, ist nach § 310 Abs. 1 Satz 2 Halbs. 2 BGB auf die Gewohnheiten und Gebräuche des Handelsverkehrs Rücksicht zu nehmen und darüber hinaus den Besonderheiten des kaufmännischen Geschäftsverkehrs angemessen Rechnung zu tragen.[132] Im Hinblick auf herrschenden Handelsbräuche, Usancen, Verkehrssitten und vor dem Hintergrund einer im Allgemeinen größeren rechtsgeschäftlichen Erfahrung der Beteiligten benötigt der Handelsverkehr einen größeren rechtlichen Spielraum zur Anpassung vertragsrechtlicher Normen.

Das rechtfertigt jedoch laufzeitunabhängige Bearbeitungsentgelte für Unternehmerdarlehen nicht, da sich ein entsprechender Handelsbrauch nicht feststellen lässt. Insoweit verlangt § 346 HGB, dass die am Vertrag Beteiligten im Zeitpunkt des jeweiligen Vertragsschlusses davon ausgehen, es bestehe eine allgemeine Übung, die eine Verpflichtung auch ohne Abschluss einer darauf gerichteten Vereinbarung begründet.[133] Ein die Entgeltklausel für Darlehensverträge stützender Handelsbrauch liegt danach erst vor, wenn die betreffende Entgeltregelung auch ohne besondere – mündliche oder schriftliche – Vereinbarung freiwillig befolgt würde.[134] Die Beteiligten müssen also von einer entsprechenden Verpflichtung kraft allgemeiner Übung unabhängig davon ausgehen, ob diese – letztlich redundant – ausdrücklich vereinbart wird. Damit würde auch die – in der Praxis ohnehin umstrittene – Tatsache, dass in einer Vielzahl von Darlehensverträgen entsprechende Entgeltklauseln vereinbart werden, für sich keinen entsprechenden Handelsbrauchs belegen.[135]

Unabhängig davon erschließt sich nicht, weshalb die alltägliche Praxis der Kreditinstitute, von Verbrauchern wie von Unternehmern laufzeitunabhängige Bearbeitungsentgelte für Darlehen zu fordern, gleichzeitig eine Besonderheit gerade des Handelsverkehrs darstellen soll, die für dessen

---

132 BGH, Urteile vom 4. Juli 2017- XI ZR 562/15, WM 2017, 1643 Rn. 55, vom 27. September 1984 - X ZR 12/84, BGHZ 92, 200, 206 und vom 14. Mai 2014 - VIII ZR 114/13, BGHZ 201, 230 Rn. 43.

133 BGH, Urteile vom 25. November 1993 - VII ZR 17/93, WM 1994, 601, 602 und vom 4. Juli 2017- XI ZR 562/15, WM 2017, 1643 Rn. 57.

134 BGH, Urteile vom 4. Juli 2017- XI ZR 562/15, WM 2017, 1643 Rn. 57 und vom 2. Juli 1980 - VIII ZR 178/79, WM 1980, 1122, 1123; MünchKommBGB/Basedow, 7. Aufl., § 310 Rn. 11.

135 BGH Urteile vom 4. Juli 2017- XI ZR 562/15, WM 2017, 1643 Rn. 58 und vom 17. Januar 1989 - XI ZR 54/88, BGHZ 106, 259, 267.

rechtssichere Abwicklung sachlich erforderlich ist.[136] Die in § 310 Abs. 1 BGB in den Blick genommene größerer Flexibilität bei Klauselkontrollen im unternehmerischen Verkehr,[137] ergibt gerade für Klauseln über Bearbeitungsentgelte in Darlehensverträgen keine Besonderheiten gegenüber Verbraucherverträgen. Weder die Einfachheit noch die Schnelligkeit oder die Beweglichkeit des kaufmännischen Rechtsverkehrs werden davon beeinflusst, ob in Allgemeinen Geschäftsbedingungen für Darlehensverträge laufzeitunabhängige Entgelte vereinbart werden können. Auch die häufig in Anspruch genommene größere Expertise von Unternehmern erweist sich in der Praxis als Fiktion. Die entsprechenden Zivilprozesse haben nahezu ausschließlich Berufsgruppen betroffen, die keineswegs durchgängig juristisches Fachpersonal für die Überprüfung und das Aushandeln komplexer Geschäftsbedingungen für Darlehensverträge einsetzen. § 310 Abs. 1 BGB liefert keine Rechtfertigung, Handwerker, Selbstständige und Kleingewerbetreibende, ja sogar Existenzgründer mit der kontrafaktischen Unterstellung bestehender Verhandlungserfahrung im Darlehensrecht aus dem Schutzbereich des AGB-Rechts zu entlassen.

dd) Ausgeglichene Verhandlungsmacht?

Nach Ansicht von Teilen der Instanzrechtsprechung und der Literatur sollen Unternehmer bei Abschluss von Darlehen weniger schutzbedürftig sein, da sie über Geschäftserfahrung und wirtschaftliches Verständnis verfügten.[138] Aus den Sonderegelungen des Verbraucherdarlehens nach den §§ 491 ff. BGB sowie den dafür in Art. 247 EGBGB normierten Informationspflichten wird eine allgemeine Auffassung des Gesetzgebers abgeleitet, ein Unternehmer verfüge in der Regel über hinreichende Erfahrung mit der Aufnahme von Krediten und kenne die marktüblichen Gepflogenheiten. Zudem besitze ein Unternehmer stärkere Verhandlungsmacht gegenüber Banken als ein Verbraucher.[139]

---

136 Koch, WM 2016, 717, 720.

137 Vgl. Fuchs in: Ulmer/Brandner/Hensen, AGB-Recht, 12. Aufl. 2016, § 307 BGB Rn. 373; Koch, WM 2016, 717, 722.

138 LG Stuttgart, Urteil vom 15. Juni 2016 - 4 S 194/15, juris Rn. 41; LG Krefeld, Urteil vom 9. Dezember 2016 - 1 S 47/16, juris Rn. 32; van Bevern/Schmitt, BKR 2015, 323, 327; Hertel, jurisPR-BKR 2/2016 Anm. 4; S. Weber, WM 2016, 150, 153 f.

139 LG Frankfurt am Main, WM 2015, 1714, 1715; Hanke/Adler, WM 2015, 1313, 1318; Hertel, jurisPR-BKR 2/2016 Anm. 4; Kropf/Habl, BKR 2015, 316, 320 f.

Wie oben dargestellt (siehe II.1.b)cc)) wird dabei verkannt, dass der Zweck des § 307 BGB, die Inanspruchnahme einseitiger Gestaltungsmacht zu begrenzen, in gleicher Weise zugunsten eines Verbrauchers wie eines – informierten und erfahrenen – Unternehmers gilt. Zweck der AGB-Kontrolle ist nicht der Schutz schwächerer Vertragspartner zum Ausgleich wirtschaftlichen Machtgefälles, sondern es soll dem Vertragspartner, dessen Geschäftsbedingungen dem Vertrag zugrunde gelegt werden, verwehrt sein, die von ihm in Anspruch genommene Vertragsgestaltungsfreiheit einseitig auszunutzen.[140]

Die gesetzliche Inhaltskontrolle Allgemeiner Geschäftsbedingungen begrenzt somit die einseitige Inanspruchnahme der Möglichkeit, den Inhalt von Verträgen durch generelle Regelungen zu gestalten, wenn die Grundsätze der Vertragsgerechtigkeit in nicht zu billigender Weise verletzt werden. Diese Kontrolle erfolgt unabhängig davon, ob solche Gestaltungsmacht von oder gegenüber einem verhandlungsmächtigen Vertragspartner in Anspruch genommen wird. Denn sie soll umfassend vor Klauseln schützen, bei denen das auf gegenseitigen Interessenausgleich gerichtete dispositive Gesetzesrecht durch die einseitige Gestaltungsmacht jedweden Klauselverwenders außer Kraft gesetzt wird.[141]

Deswegen kommt es auch nicht darauf an, ob ein Unternehmer im Einzelfall eine sich aus verschiedenen Entgeltkomponenten ergebende Gesamtbelastung besser abschätzen kann. Denn die Inhaltskontrolle soll – anders als das Transparenzgebot – nicht vor schwer durchschaubaren Entgeltvereinbarungen, sondern vor Klauseln schützen, bei denen dispositives Gesetzesrecht durch einseitige Ausnutzung von Gestaltungsmacht unter Verletzung des Gebotes eines fairen Interessenausgleichs abbedungen wird.[142]

Anschließend an die Grundsatzentscheidung über Unternehmerdarlehen von 4. Juli 2017 hat der XI. Zivilsenat unter anderem vergleichbare Entgeltklauseln in Kontokorrentdarlehen,[143] Avalkreditverträgen,[144] Bau-

140 Vgl. Ulmer/Habersack in Ulmer/Brandner/Hensen, AGB-Recht, 12. Aufl., Einleitung Rn. 47 f.

141 BGH, Urteile vom 4. Juli 2017- XI ZR 562/15, WM 2017, 1643 Rn. 64, vom 7. Juli 1976 - IV ZR 229/74, WM 1976, 960, 961 und vom 15. Dezember 1976 - IV ZR 197/75, WM 1977, 287, 288.

142 BGH, Urteile vom 4. Juli 2017- XI ZR 562/15, WM 2017, 1643 Rn. 67 und 13. Mai 2014 - XI ZR 405/12, BGHZ 201, 168 Rn. 60.

143 BGH, Urteil vom 4. Juli 2017 – XI ZR 233/16, WM 2017, 1652.

144 BGH, Urteil vom 17. April 2018 - XI ZR 238/16, WM 2018, 1356.

trägerdarlehen[145] und in Treuhandgestaltungen[146] jeweils für Unternehmer für unwirksam angesehen.

5. Bepreisung von Zinsregelungen

Delikat wird die Abgrenzung einer Inhaltskontrolle unterliegender Entgeltklauseln von kontrollfreien Preisvereinbarungen in Fallgestaltungen, in denen die Kreditinstitute Einzelheiten der konkreten Zinsgestaltung bepreisen. Dann modifiziert nämlich die streitige Klausel das im Allgemeinen einer AGB-Kontrolle entzogene Entgelt für die Hauptleistung.

a) Wahlrecht zwischen verschiedenen Preismodellen

Unproblematisch sind nach gefestigter Rechtsprechung allerdings noch Vertragsgestaltungen, in denen dem Darlehensnehmer eine Wahlmöglichkeit zwischen verschiedenen AGB-Varianten eingeräumt wird, etwa zwischen einer Vertragsgestaltung mit laufzeitunabhängigem Bearbeitungsentgelt zu einem niedrigerem Zinssatz und einer Variante ohne Bearbeitungsentgelt und dafür einem höheren Zinssatz. Diese in der Praxis als „Individualbeitrag" oder „Individualkredit" bezeichneten Regelungen sind ohne Weiteres AGB-Klauseln. Sie sind auch nicht einer AGB-Kontrollen entzogen, da damit im Kern nicht das Entgelt für die Hauptleistung geregelt, sondern ein Wahlrecht hinsichtlich einer laufzeitunabhängigen Einmalzahlung eröffnet wird. Der weitere Versuch, derartige Wahlklauseln als Individualvereinbarungen über § 305 Abs. 1 Satz 3 BGB einer AGB-Kontrolle zu entziehen, war ebenfalls erfolglos.[147] Denn die Einräumung einer Wahlmöglichkeit zwischen mehreren sämtlich als Vertragsbedingungen vorformulierten Preismodellen begründet nach gefestigter Rechtsprechung[148] keine Individualabrede. Der Vertragspartner des Klauselverwenders hat damit nämlich noch keine Möglichkeit, alternativ eigene Textvorschläge mit

---

145 BGH, Urteil vom 16. Oktober 2018 - XI ZR 593/16, WM 2018, 2183 Rn. 21.

146 BGH, Urteil vom 19. Februar 2019 - XI ZR 562/17, WM 2019, 678 Rn. 24.

147 BGH, Urteil vom 13. März 2018 - XI ZR 291/16, WM 2018, 1046 ff.

148 BGH, Urteile vom 13. März 2018 - XI ZR 291/16, WM 2018, 1046 Rn. 16, vom 3. Juli 1985 - IVa ZR 246/83, WM 1985, 1208, 1209 und vom 10. Oktober 2013 - VII ZR 19/12, NJW 2014, 206 Rn. 19 f.

der effektiven Chance ihrer Durchsetzung einzubringen (siehe oben II.1.b)bb)).

b) Zinsgestaltungen (Zinscap, Zinskorridor)

Schwieriger war die Beurteilung sog. Zinscap-Prämien bzw. Zinssicherungsgebühren bei variabel verzinsten Darlehen, mit denen Kreditinstitute eingebunden in eine Regelung zur Zinsanpassung zusätzliche Erträge erzielen wollten. Dies sollte über eine – durchaus unübersichtliche – Klauselgestaltung erfolgen: Der Darlehensnehmer hatte eine "Zinssicherungsgebühr" bzw. "Zinscap-Prämie" dafür zu entrichten, dass der im Grundsatz geschuldete variable Zins nicht über einen bestimmten Höchstzinssatz hinaus ansteigt (Zinscap). Gleichzeitig sahen die Preisklauseln – nunmehr allerdings ohne kompensierende Entgeltregelung – vor, dass der geschuldete Zins nicht unter einen bestimmten Zinssatz sinkt (Zinsfloor). Das hat zur Folge, dass der Darlehensnehmer ein laufzeitunabhängiges Entgelt für die Vereinbarung eines Zinskorridors (Zinscollar) zu entrichten hat.

aa) Allgemeine Geschäftsbedingungen

Diese Preisregelungen hat der XI. Zivilsenat ständiger Rechtsprechung folgend als Allgemeine Geschäftsbedingungen behandelt, obgleich im Einzelfall konkrete Angaben über die Höhe der Zinscap-Prämie bzw. der Zinssicherungsgebühr, des variablen Zinssatzes, der Zinsober- und Zinsuntergrenze sowie der Laufzeit des Darlehens erst in betreffenden Leerräume der Darlehensformular eingetragen werden mussten. Vorformuliert sind nämlich auch solche Angaben in Vertragsbedingungen, die vom Verwender anhand der Daten des individuellen Vertrages bestimmt und sodann in die einzelne Vertragsurkunde aufgenommen werden.[149] Unerheblich war auch in diesem Fall der Vortrag des Kreditinstituts, seine Mitarbeiter seien bereit gewesen, über die Höhe der Zinscap-Prämie und entsprechend abweichende Konditionen auf – allerdings nicht geäußerten – Wunsch des Kunden zu verhandeln. Das rechtfertigt nämlich nicht die Annahme, das Kreditinstitut sei für den Kunden erkennbar auch bereit gewesen, den

149 BGH, Urteile vom 5. Juni 2018 - XI ZR 790/16, WM 2018, 1363 Rn. 31 und vom 13. Mai 2014 - XI ZR 170/13, WM 2014, 1325 Rn. 21.

Kerngehalt der streitigen Klauseln – hier die laufzeitunabhängige Gebühr als solches – zur Disposition zu stellen (siehe oben II.1.c)aa)).[150]

bb) Kontrollfähigkeit

Klauseln über die Bepreisung eines Zinskorridors sind nach Ansicht des XI. Zivilsenats nicht einer Inhaltskontrolle entzogen, obgleich diese Entgeltregelung für eine Zinsober- und -untergrenze bei variablem Zinssatz die Höhe des Entgelts für die Überlassung der Darlehensvaluta also für die Hauptleistung betrifft. Tatsächlich will sich nämlich das Kreditinstitut mit dem in diesem Kontext erhobene Einmalentgelt einen finanziellen Ausgleich für das Risiko verschaffen, dass der variable Zins die Zinsobergrenze überschreitet und ihm damit aufgrund des Zinscaps Zins(mehr)einnahmen entgehen. Folglich ist die Zinscap-Prämie bzw. Zinssicherungsgebühr ein zusätzliches, neben den Zinssatz tretendes Teilentgelt für die Hauptleistung, das der Darlehensnehmer als zusätzliche Gegenleistung für die Überlassung der Darlehensvaluta als Hauptleistung schuldet.[151]

Dennoch ist eine solche Zinssicherungsgebühr nicht der Inhaltskontrolle entzogen. Denn Zinscap-Prämie bzw. Zinssicherungsgebühr sind – jedenfalls auf Grundlage der maßgeblichen kundenfeindlichsten Auslegung – laufzeitunabhängig ausgestaltet, da sie bei Vertragsschluss sofort fällig werden, ohne dass in den angegriffenen Klauseln eine anteilige Erstattung im Falle vorzeitiger Vertragsbeendigung vorgesehen ist. Dadurch unterscheidet sich die vorliegende Klausel von einem kontrollfreien Disagio, das nach ständiger Rechtsprechung als zinsähnliches Teilentgelt in Form einer Einmalzahlung bei einer vorzeitigen Vertragsbeendigung anteilig zu erstatten ist.[152] Da nach inzwischen gefestigter Rechtsprechung – wie mehrfach ausgeführt – nach § 488 Abs. 1 Satz 2 BGB die Gegenleistung für die Überlassung der Darlehensvaluta laufzeitabhängig ist,[153] weicht die vorliegende

150 BGH, Urteile vom 5. Juni 2018 - XI ZR 790/16, WM 2018, 1363 Rn. 34 und vom 28. Juli 2015 - XI ZR 434/14, BGHZ 206, 305 Rn. 23 f.

151 BGH, Urteil vom 5. Juni 2018 - XI ZR 790/16, WM 2018, 1363 Rn. 39 ff.

152 BGH, Urteil vom 5. Juni 2018 - XI ZR 790/16, WM 2018, 1363 Rn. 43, vom 29. Mai 1990 - XI ZR 231/89, BGHZ 111, 287, 289 f., vom 8. Oktober 1996 - XI ZR 283/95, BGHZ 133, 355, 358 und vom 4. April 2000 - XI ZR 200/99, WM 2000, 1243, 1244.

153 BGH, Urteile vom 5. Juni 2018 - XI ZR 790/16, WM 2018, 1363 Rn. 44, vom 13. Mai 2014 - XI ZR 405/12, BGHZ 201, 168 Rn. 32 ff., Rn. 43 und vom 4. Juli 2017 - XI ZR 562/15, WM 2017, 1643 Rn. 29.

Klausel von Rechtsvorschriften ab. Das führt nach § 307 Abs. 3 Satz 1 BGB zur Inhaltskontrolle dieser Entgeltklausel.

Dieser Inhaltskontrolle hält die Klausel nicht stand. Wegen der Abweichung der Klausel zur Zinscap-Prämie bzw. Zinssicherungsgebühr vom gesetzlichen Leitbild des § 488 Abs. 1 Satz 2 BGB ist eine unangemessene Benachteiligung des Vertragspartners indiziert.[154] Diese Vermutung ist zwar widerleglich. Dafür waren aber im damaligen Verfahren keine Umstände vorgetragen oder sonst ersichtlich.

154 BGH, Urteil vom 5. Juni 2018 - XI ZR 790/16, WM 2018, 1363 Rn. 46.

IV. Entgelte im Zahlungsverkehr

Die Wirksamkeit von Klauseln, mit denen Leistungen der Kreditinstitute im Zahlungsverkehr bepreist werden, beurteilt sich im Grundsatz nach denselben Kriterien wie Entgeltklauseln in Darlehensverträgen. Das spezielle darlehensrechtliche Leitbild eines laufzeitabhängigen Zinses findet im Zahlungsverkehrsrecht allerdings keine Anwendung. Im Vordergrund steht folglich wiederum das Verbot, formularmäßig Kosten auf den Kunden abzuwälzen, die für die Erfüllung eigener vertraglicher oder gesetzlicher Pflichten der Bank entstehen. Umgekehrt sind auch im Zahlungsverkehr Haupt- und Sonderleistungen im Grundsatz bepreisbar.

1. Grundlagen zur Inhaltsprüfung von Entgeltklauseln im Zahlungsverkehr

Auch die Prüfung von Entgeltklauseln im Zahlungsdiensterecht beginnt deswegen mit der Klärung, worin die einer Inhaltskontrolle entzogene jeweilige Hauptleistung besteht und welche Nebenleistungen ausnahmsweise bepreisbar sind.

Als Grundlage für die Führung eines Zahlungskontos und die Abwicklung von Zahlungsvorgängen sieht das Zahlungsdiensterecht einen Zahlungsdienstevertrag nach § 675f BGB vor, in den hier zu beurteilenden Fallgestaltungen meist in der Form einer Zahlungsdiensterahmenvertrags nach § 675f Abs. 2 BGB. Die im Rahmen dieses besonderen Geschäftsbesorgungsvertrags (§ 675c Abs. 1 BGB) vom Kreditinstitut zu erbringende Hauptleistung sind Zahlungsdienste, die in § 1 Abs. 1 Satz 2 ZAG (Zahlungsdiensteaufsichtsgesetz) näher bestimmt werden. Dabei handelt es sich im Wesentlichen um die Ausführung von Zahlungen und die Übertragung von Geldbeträgen aus dem Vermögen des anweisenden Zahlers in das des Zahlungsempfängers.

Die damit verknüpften Entgeltregelungen hat der deutsche Gesetzgeber weitgehend an die bisher national geltende Dogmatik angelehnt.

a) Entgelt für die Hauptleistung

Für die Beurteilung von Entgeltvereinbarungen und damit auch von Entgeltklauseln ist zunächst § 675f Abs. 5 BGB (bis zum 12. Januar 2018: § 675f Abs. 4 BGB) entscheidend, nach dessen Satz 1 der Zahlungsdienstnutzer verpflichtet ist, dem Zahlungsdienstleister das für die Erbringung eines Zahlungsdienstes vereinbarte Entgelt zu entrichten. Über die Vorgaben der Zahlungsdiensterichtlinie hinausgehend[155] ist damit die Preishauptabrede, hier die Vereinbarung der Parteien des Zahlungsdiensterahmenvertrags über den Preis für den einzelnen Zahlungsdienst,[156] ausdrücklich von den im Übrigen geltenden Preisregelungen ausgenommen, sodass als Regelungsgrenze im Grundsatz nur § 138 BGB bleibt. Allerdings gibt es daneben im Verbraucherrecht einzelne Preisregelungen, die – wie etwa § 312a Abs. 4 Nr. 2 BGB – in bestimmten Gestaltungen eine Entgeltkontrolle eröffnen können.[157]

b) Entgelt für Nebenleistungen

Daran anschließend gelten auch im Recht der Zahlungsdienste die bereits mehrfach genannten Grundsätze: Sofern im Gesetz nichts anders bestimmt ist, sind mit der Ausführung des konkreten Zahlungsdienstes verbundene Kosten und Aufwand im Rahmen der Kalkulation für das Entgelt zu berücksichtigen, das der Zahlungsdienstleister mit dem Zahlungsdienstnutzer für die Durchführung eines Zahlungsdienstes gemäß § 675f Abs. 5 Satz 1 BGB vereinbar hat.[158] Im Zahlungsdienstrecht ist zusätzlich die Besonderheit zu beachten, dass die Vergütung des Zahlungsdienstleisters im Grundsatz erfolgsbezogen ist, also nur anfällt, wenn der konkrete Zahlungsdienst tatsächlich erbracht worden ist.[159]

In Übereinstimmung mit den in der bisherigen Rechtsprechung des Bundesgerichtshofs allgemein entwickelten Grundsätzen ordnet § 675f Abs. 5 Satz 2 BGB weiter – diesmal sogar ausdrücklich – an, dass für die Erfüllung von Nebenpflichten nur dann ein Entgelt vereinbart werden

155 Vgl. dazu Omlor, EWiR 2018, 611, 612.
156 Vgl. BGH, Urteile vom 13. November 2012 - XI ZR 500/11, BGHZ 195, 298 Rn. 33 und vom 12. September 2017 – XI ZR 590/15, WM 2017, 2013 Rn. 33.
157 Vgl. dazu OLG Karlsruhe, WM 2018, 1690; dgg. OLG München, ZIP 2018, 213.
158 BGH, Urteil vom 12. September 2017 – XI ZR 590/15, WM 2017, 2013 Rn. 33.
159 BGH, Urteil vom 12. September 2017 – XI ZR 590/15, WM 2017, 2013 Rn. 33.

darf, wenn dessen Erhebung ausdrücklich gesetzlich zugelassen und ein angemessenes sowie an den tatsächlichen Kosten des Zahlungsdienstleisters ausgerichtetes Entgelt zwischen den Parteien vereinbart ist.[160] § 675f Abs. 5 Satz 2 BGB reicht damit für das Recht der Zahlungsdienste in zwei Punkten über die oben dargestellten in der Rechtsprechung allgemein entwickelten Grundsätze zur Bepreisung von Nebenleistungen in AGB hinaus. Denn das Bepreisungsverbot wird auf alle Nebenpflichten – auch auf im vorwiegenden Interesse des Kunden bestehende – erstreckt und erfasst zudem alle vertraglichen Abreden, also auch Individualvereinbarungen.

Ein Entgelt für die Erfüllung von Nebenpflichten im Zahlungsdiensterecht kann folglich nur in den gesetzlich vorgesehenen Fällen überhaupt wirksam vereinbart werden. Das sind § 675d Abs. 4 BGB (zusätzliche Unterrichtungen), § 675o Abs. 1 Satz 4 BGB (berechtigte Ablehnung eines Zahlungsauftrags), 675p Abs. 4 Satz 3 BGB (Nutzung einer vertraglich verlängerten Widerrufsfrist) und 675y Abs. 5 Satz 5 BGB (Bemühungen zur Rückerlangung eines Zahlungsbetrags nach Eingabe falscher Kundenkennung). Mit Wirkung vom 13. Januar 2018 kann nach § 675l Abs. 1 Satz 3 BGB – allerdings mit der zusätzlichen Einschränkung auf ausschließlich und unmittelbar damit verbundene Kosten – auch die Ausstellung einer Ersatzzahlungskarte nach deren Sperre bepreist werden.[161]

c) Paradigmenwechsel für die Kontrolle von Entgeltklauseln?

Mit Inkrafttreten der ersten Zahlungsdiensterichtlinie sowie des deutschen Umsetzungsgesetzes im Jahr 2009 haben Stimmen in der Literatur,[162] die durchgängig ohnehin der Rechtsprechung des Bundesgerichtshofs zur Kontrolle von Bankengelten skeptisch gegenüberstanden, die Auffassung vertreten, die neue Rechtslage erzwinge eine Paradigmenwechsel in der Rechtsprechung. Bankentgelte seien nunmehr auch in Formularklauseln zulässig, solange diese einem sog. Verursacherprinzip folgten. Damit war gemeint, die Belastung mit Zusatzentgelten müsse die Kunden treffen, die besondere Kosten bei den Banken verursachten.

---

160 BGH, Urteil vom 22. Mai 2012 - XI ZR 290/11, BGHZ 193, 238 Rn. 40.

161 Vgl. dazu ausführlich Omlor, WM 2018, 937, 940 f.

162 Vgl. etwa Grundmann, WM 2009, 1157, 1159 und Bitter, WM 2010, 1773, 1780 f.; Piekenbrock, GRUR 2014, 26, 33 ff., 36; Herresthal, Fs. für Coester-Waltjen, S. 1109 ff.

Diese Argumentation zielte gegen die ständiger Rechtsprechung des Bundesgerichtshofs, wonach es zu den wesentlichen Grundgedanken des dispositiven Rechts gehört, dass jeder seine gesetzlichen oder vertraglichen Rechtspflichten zu erfüllen hat, ohne dafür ein gesondertes Entgelt verlangen zu können. Deswegen sind – wie oben ausgeführt – nach der Rechtsprechung Entgeltklauseln mit wesentlichen Grundgedanken der Rechtsordnung unvereinbar, wenn Aufwand für eine Tätigkeit auf den Kunden abgewälzt wird, zu der der Verwender gesetzlich oder nebenvertraglich verpflichtet ist oder die er überwiegend im eigenen Interesse erbringt.[163] Dagegen verstoßende Klauseln sind gegen § 307 Abs. 2 Nr. 1 BGB unwirksam, ohne dass es auf ein – wie auch immer zu definierendes – Verursacherprinzip ankommt.[164]

Die in der neueren Literatur dagegen ins Feld geführten Regelungen des neueren Zahlungsdiensterechts liefern bei genauerer Betrachtung keinen Anhaltspunkt für den eingeforderten "Paradigmenwechsel". Im Gegenteil: Der Gesetzgeber hat Entgelte für die Erfüllung eigener gesetzlicher oder vertraglichen Nebenpflichten gerade nicht gebilligt, sondern ist auch im neuen Zahlungsdiensterecht nicht nur von den der bisherigen Rechtsprechung zugrunde liegenden Grundsätzen ausgegangen, sondern hat dieses zum einen sachlich ausgeweitet und zum anderen sogar auf Individualvereinbarungen erstreckt. Zwar ist in den oben genannten, im Gesetz abschließend aufgezählten Fällen (§ 675d Abs. 4 BGB, § 675o Abs. 1 Satz 4 BGB, 675p Abs. 4 Satz 3 BGB, 675y Abs. 5 Satz 5 BGB und § 675l Abs. 1 Satz 3 BGB) – teilweise in Abweichung von älterer Rechtsprechung des Bundesgerichtshofs – die Vereinbarung eines angemessenen Entgelts möglich. Jedoch wird in den genannten Vorschriften gerade kein neues gesetzliches Leitbild begründet, sondern es werden einzelne Ausnahme von dem allgemein geltenden Grundsatz angeordnet, wonach Nebenleistungen nicht bepreist werden dürfen. Dieser allgemein Grundsatz ergibt sich nicht nur aus der systematischen Stellung der genannten Vorschriften, sondern wird darüber hinaus in § 675f Abs. 4 Satz 2 BGB aF, wortgleich mit

---

163 Vgl. BGH, Urteile vom 18. Mai 1999 - XI ZR 219/98, BGHZ 141, 380, 385 f., vom 19. Oktober 1999 - XI ZR 8/99, WM 1999, 2545, 2546, vom 13. Februar 2001 - XI ZR 197/00, BGHZ 146, 377, 380 f., vom 30. November 2004 - XI ZR 200/03, BGHZ 161, 189, 193, vom 21. April 2009 - XI ZR 78/08, BGHZ 180, 257 Rn. 21, vom 21. April 2009 - XI ZR 55/08, juris Rn. 21, vom 20. Mai 2010 - Xa ZR 68/09, BGHZ 185, 359 Rn. 42 und vom 13. Januar 2011 - III ZR 78/10, NJW 2011, 1726 Rn. 18.

164 BGH, Urteile vom 30. November 2004 - XI ZR 200/03, BGHZ 161, 189, 193, und vom 22. Mai 2012 - XI ZR 290/11, BGHZ 193, 238 Rn. 53.

§ 675f Abs. 5 Satz 2 BGB in der seit 13. Januar 2018 geltenden Fassung sogar ausdrücklich formuliert: Einem Kreditinstitut steht kein Anspruch auf ein gesondertes Entgelt für die Erfüllung von Nebenpflichten zu. Nach dieser Vorschrift, die Art. 52 Abs. 1 der Zahlungsdiensterichtlinie umsetzt, kann mithin ein solches Entgelt nur ausnahmsweise erhoben werden, sofern eine entsprechende Vereinbarung ausdrücklich gesetzlich zugelassen ist und diese ein angemessenes sowie an den tatsächlichen Kosten des Zahlungsdienstleisters ausgerichtetes Entgelt enthält.[165]

Das hat zur Folge, dass im Recht der Zahlungsdienste außerhalb gesetzlich zugelassener Entgeltvereinbarung Klauseln, die für vertragliche Nebenpflichten enthalten, einer Inhaltskontrolle nach § 307 BGB nicht standhalten. Die unangemessene Benachteiligung des Vertragspartners durch den Klauselverwenders liegt bei einem Verstoß der Klausel gegen § 675f Abs. 4 Satz 2 BGB aF als einem wesentlichen Grundgedanken der Rechtsordnung immer vor.[166] Denn eine unangemessene Benachteiligung gemäß § 307 Abs. 1 BGB ist zwingend anzunehmen, wenn die Abweichung von einer gesetzlichen Regelung zugleich auf einem Verstoß gegen zwingendes Recht beruht. In einem solchen Fall ist für eine weitere Interessenabwägung kein Raum.[167]

2. Verstoß gegen das Bepreisungsverbot in § 675f Abs. 5 Satz 2 BGB (§ 675f Abs. 4 Satz 2 BGB aF)

a) Bepreisbare Hauptleistung

§ 675f Abs. 1 BGB eröffnet den Kreditinstituten die Möglichkeit, für die Erbringung eines Zahlungsdienstes auch in Allgemeinen Geschäftsbedingungen ein Entgelt zu vereinbaren. In der Praxis vermeiden es jedoch viele Kreditinstitute – vermutlich aus Gründen des Marketings – den Zahlungsauftrag oder den Zahlungsdiensterahmenvertrags als Hauptleistung zu bepreisen. Statt dessen weichen sie auf Entgelte für damit verknüpfte Nebenleistungen aus. Das ist freilich – wie dargestellt – in hohem Maße risiko-

165 BGH, Urteil vom 22. Mai 2012 - XI ZR 290/11, BGHZ 193, 238 Rn. 40 f.

166 BGH, Urteil vom 22. Mai 2012 - XI ZR 290/11, BGHZ 193, 238 Rn. 52.

167 Vgl. Senatsurteile vom 17. Dezember 2013 - XI ZR 66/13, BGHZ 199, 281 Rn. 10, vom 27. Januar 2015 - XI ZR 174/13, WM 2015, 519 Rn. 17 vom 20. Oktober 2010 - XI ZR 166/14, BGHZ 207, 176 Rn. 31 und vom 12. September 2017 – XI ZR 590/15, WM 2017, 2013 Rn. 45.

reich, denn nach § 675f Abs. 5 Satz 2 BGB dürfen eben nur solche Nebenleistungen der Bank bepreist werden, für die diese Möglichkeit im Gesetz ausdrücklich vorgesehen ist.

b) Entgelte – auch – für Nebenleistungen

In einer Reihe von Verfahren betrafen deswegen zu weit gefasste Entgeltklauseln nicht ausschließlich bepreisbare Haupt- oder Nebenleistungen, sondern knüpften an Tatbestände an, die in der praktischen Anwendung auch Leistungen des Kreditinstituts umfassten, die dem gesetzlichen Entgeltverbot für Nebenleistungen unterlagen. Diese ersichtlich risikoreiche Vorgehensweise der Geldinstitute ist aus rechtlicher Sicht umso unverständlicher, als in all diesen Fällen eine Bepreisung der Hauptleitung, also des Zahlungsdienstes, näher gelegen und unproblematisch zulässig gewesen wäre.

aa) Bepreisung von Buchungsposten statt der zugrunde liegenden Zahlungsdienste

Der Fachöffentlichkeit ist diese Problematik vor allem aus den Entscheidungen des XI. Zivilsenats zur Bepreisung von Buchungsposten bekannt geworden. In solchen Entgeltklauseln haben Kreditinstitute ein Entgelt für jede bei der Führung eines Zahlungskontos vorzunehmende Buchungen bestimmt. Damit wurde jedoch nicht nur für gebuchte Zahlungsdienste, sondern unter Verstoß gegen § 675f Abs. 4 Satz 2 BGB aF auch ein Entgelt für solche Buchungsvorgänge verlangt, denen die Erfüllung nicht bepreisbarer Nebenpflichten zugrunde lag. Das betrifft etwa Buchungen nach nicht autorisierten Zahlungsvorgängen, Buchungen im Rahmen der fehlerhaften Ausführung eines Zahlungsauftrags, Buchungen, mittels derer das Zahlungskonto nach solchen Buchungen wieder auf den sachlich richtigen Stand gebracht wurde, oder Buchungen nach einem berechtigten Widerruf eines Zahlungsauftrags. Entgeltklauseln, die unterschiedslos an den Buchungsvorgang anknüpfen, sind deswegen unwirksam.[168] In diesen Fallgestaltungen hat sich die Frage geradezu aufgedrängt, weshalb das Kreditinstitut – unproblematisch – nicht den einzelnen Zahlungsdienst als

168 BGH, Urteile vom 28. Juli 2015 - XI ZR 434/14, BGHZ 206, 305 Rn. 42 f. und vom 27. Januar 2015 - XI ZR 174/13, WM 2015, 519 Rn. 13 f.

Hauptleistung bepreist hat, sondern auf ein Entgelt für die Erfüllung einer Nebenpflicht, die Buchung aller Kontovorgänge, ausgewichen ist.

bb) Bepreisung von smsTANs im Online-Banking

Aus diesem Problemkreis ist einer breiteren Öffentlichkeit ein Verfahren zur Bepreisung von smsTAN, die im Online-Banking verwendet wurden, bekannt geworden.[169] Gegenstand dieses Rechtsstreits war eine Klausel für das Online-Banking eines Kreditinstituts, nach der nicht der Zugang zum Online-Banking als solcher und auch nicht der einzelne Zahlungsauftrag bepreist wurden, sondern ein Entgelt für jede per SMS übersandte Transaktionsnummer (TAN) vorgesehen war. Die Klausel lautete: "Jede smsTAN kostet 0,10 € (unabhängig vom Kontomodell)". Den wirtschaftlichen Hintergrund dieser Entscheidung beleuchtet vielleicht ein wenig die Tatsache, dass dieses Kreditinstitut auch noch während des laufenden Rechtsstreits mit "kostenlosem Online-Banking" warb.

Mit der Auslegung dieser Klausel war praktisch die Entscheidung vorgezeichnet. Nach dem klaren Wortlaut wird nämlich kein Entgelt für das Online-Banking als Sondervertrag im Bankverhältnis (Zahlungsdiensterahmenvertrag) und auch nicht ein Entgelt für einen konkreten Zahlungsauftrag (Zahlungsdienst) angeordnet, sondern das Kreditinstitut begehrt nach dem eindeutigen Wortlaut einschränkungslos ein Entgelt für "jede smsTAN". Damit werden auch Vorgängen im Online-Banking bepreist, die nichts mit der Erteilung eines Zahlungsauftrags zu tun haben. Zu denken ist an einen fehlgeschlagenen Zahlungsauftrag, etwa weil eine Divergenz bei den übermittelten Zahlungsdaten festzustellen war, wie es in Fällen eines "Phishings" auftritt, an Zahlungsaufträge, die aus verschiedenen Gründen letztlich nie erteilt wurden, an zeitgerecht widerrufene Zahlungsaufträge oder an technische Fehlfunktionen des Online-Banking-Systems.

Mit der uneingeschränkten Bepreisung aller TAN, die per SMS an den Kunden übersandt werden, unterlag die Klausel gemäß § 307 Abs. 3 Satz 1 BGB der Inhaltskontrolle, weil sie gegen § 675f Abs. 5 Satz 2 BGB (§ 675f Abs. 4 Satz 2 BGB aF) verstieß.[170] Denn im Rahmen des Zahlungsinstruments (früher: Zahlungsauthentifizierungsinstruments) "Online-Banking" mittels PIN und TAN als Zahlungsdienst (§ 675c Abs. 3 BGB i.V.m. § 1 Abs. 2 Nr. 4 ZAG) hätte die Ausgabe einer TAN nur dann nach

169 BGH, Urteil vom 25. Juli 2017 - XI ZR 260/15, WM 2017, 1744 ff.

170 BGH, Urteil vom 25. Juli 2017 - XI ZR 260/15, WM 2017, 1744 Rn. 26.

§ 675f Abs. 5 Satz 1 BGB als Bestandteil dieses Zahlungsdienstes bepreist werden können, wenn sie tatsächlich der Erteilung eines Zahlungsvorgangs diente. In allen anderen Fällen war die Ausgabe einer TAN nicht Teil der vertraglichen Hauptleistung und durfte deswegen auch nicht Gegenstand einer Entgeltvereinbarung nach § 675f Abs. 5 Satz 1 BGB sein.[171] PIN und TAN als solche sind keine Zahlungs(authentifizierungs)instrumente und entziehen sich als personalisierte Sicherheitsmerkmale eines Authentifizierungsinstruments einer generellen Bepreisung.

Unabhängig davon wäre die Inhaltskontrolle einer solchen Klausel wohl auch deswegen eröffnet gewesen, weil die vorgesehene Bepreisung jeder smsTAN von den gesetzlichen Vorgaben der § 675f Abs. 4 Satz 2 aF, § 675m Abs. 1 Nr. 1 BGB abgewichen ist. Denn mit der Übersendung einer TAN an den Zahlungsdienstnutzer kommt der Zahlungsdienstleister lediglich der ihn treffenden Nebenpflicht aus § 675m Abs. 1 Nr. 1 BGB nach, die einem Authentifizierungsinstrument zugeordneten persönlichen Sicherheitsmerkmale ausreichend gesichert zu übermitteln. Der dafür anfallenden Aufwand fällt mithin für die Erfüllung einer Nebenpflicht des Zahlungsdienstleisters an und kann deswegen nach § 675f Abs. 4 Satz 2 BGB aF nicht durch die Erhebung eines gerade darauf bezogenen Entgelts auf den Zahlungsdienstnutzer abgewälzt werden.

3. Prüfung einer Entgeltklausel anhand gesetzlicher Preisregel

Kreditinstituten gelingt es schließlich auch in Fällen, in denen der Gesetzgeber den Wünschen der Kreditwirtschaft folgend die Bepreisung bestimmter Leistungen zugelassen hat, nicht immer, der gesetzlichen Regel entsprechende Preisklauseln zu formulieren. Das soll hier beispielhaft an der Regelung in § 675o Abs. 1 Satz 4 BGB dargestellt werden, die trotz ihrer Einführung im Jahr 2009 auf ein schon recht bewegtes Schicksal zurückblicken kann. In der bis zum 12. Januar 2018 geltenden Fassung erlaubte diese Vorschrift in Abweichung von älterer Rechtsprechung des Bundesgerichtshofs die Vereinbarung eines Entgelts für „die Unterrichtung über eine berechtigte Ablehnung“ eines Zahlungsauftrags. Damit war zugleich die für solche im Gesetz ausdrücklich zugelassene Entgeltregelungen geltende Vorschrift des § 675f Abs. 4 Satz 2 aF BGB anwendbar, wonach „dieses Entgelt ... angemessen und an den tatsächlichen Kosten des Zahlungsdienstleisters ausgerichtet sein“ muss. Dem XI. Zivilsenat lag da-

171 BGH, Urteil vom 25. Juli 2017 - XI ZR 260/15, WM 2017, 1744 Rn. 30.

zu eine Klausel zur Entscheidung vor,[172] die ein Entgelt von 5,00 € für die Unterrichtung über die berechtigte Ablehnung der Einlösung einer SEPA-Basis-Lastschrift, einer Einzugsermächtigungs-/Abbuchungsauftragslastschrift oder über die berechtigte Ablehnung eines Überweisungsauftrags mangels Deckung bei Postversand vorsah.

a) Kontrollfähigkeit

Die Kontrollfähigkeit einer Klausel, auf die – wie hier – eine gesetzliche Preisregel anzuwenden ist, hängt nicht davon ab, ob eine Preishaupt- oder Preisnebenabrede vorliegt. Denn die Abweichung einer AGB-Klausel von gesetzlichen Preisregelungen ist immer zu prüfen. Entscheidend ist allein, ob die Klausel der gesetzlichen Preisregel entspricht.

b) Inhaltskontrolle

Die in diesem Fall zu beurteilende Klausel verstieß gegen § 675o Abs. 1 Satz 4 BGB aF, da das Entgelt in Höhe von 5 € nicht allein für die Kosten einer Unterrichtung über die berechtigte Ablehnung der Ausführung einer SEPA-Lastschrift, einer Einzugsermächtigungs- oder Abbuchungsauftragslastschrift bzw. einer Überweisung anfallen sollte. Nach dem eindeutigen Wortlaut von § 675o Abs. 1 Satz 4 BGB aF konnte der Zahlungsdienstleister nämlich ausschließlich für die Unterrichtung des Zahlungsdienstnutzers ein Entgelt verlangen und dieses Entgelt musste nach § 675f Abs. 4 Satz 2 Halbsatz 1 BGB aF an den für diese Unterrichtung anfallenden tatsächlichen Kosten des Zahlungsdienstleisters ausgerichtet sein. Hingegen waren der Unterrichtung des Kunden vorgelagerte Kosten, die etwa für die Entscheidung über die Ausführung eines Zahlungsauftrages anfallen, ebenso wenig bepreisbar[173] wie Gemeinkosten des Zahlungsdienstleisters, die dieser betriebswirtschaftlich auf den einzelnen gescheiterten Zahlungsvorgang herunterrechnet. Da § 675f Abs. 4 Satz 2 BGB aF nicht danach differenziert, ob die Erfüllung von Nebenpflichten im eigenen Interesse des Kreditinstituts oder im Interesse des Kunden erfolgt (siehe oben 1.b)), war auch unerheblich, ob die Gründe für die Ablehnung des Zahlungsauftrags aus der Sphäre des Zahlungsdienstnutzers stammten.

---

172 BGH, Urteil vom 12. September 2017 - XI ZR 590/15, WM 2017, 2013 ff.

173 BGH, Urteil vom 12. September 2017 - XI ZR 590/15, WM 2017, 2013 Rn. 33.

Einer über den Wortlaut hinausgehenden Auslegung war § 675o Abs. 1 Satz 4 BGB aF schon deswegen nicht zugänglich, weil der Zahlungsdienstleister gemäß § 675f Abs. 4 Satz 2 BGB aF nach dem gesetzlichen Leitbild für die Erfüllung von Informations- und Nebenpflichten im Regelfall kein Entgelt verlangen kann und folglich § 675o Abs. 1 Satz 4 BGB aF einen Ausnahmefall bildet.[174] Als solcher war § 675o Abs. 1 Satz 4 BGB aF eng auszulegen.[175]

Mehrfache Versuche des Kreditinstituts, in diesem Verfahren die mit fünf Euro bepreisten Kosten für die berechtigte Ablehnung eines Zahlungsauftrags konkret aufzuschlüsseln, sind – in nachgerade peinlicher Weise – misslungen. Verschiedene im Rechtsstreit vorgelegte Aufstellungen von angeblich in die Berechnung des Entgelts eingeflossener Kostenpositionen beliefen sich auf Summen zwischen 5,64 € und 14,53 €, betrafen allerdings bei näherer Betrachtung – selbst mit einigem Wohlwollen – nur in Höhe weniger Cent tatsächlich den Benachrichtigungsaufwand.[176] Es war unschwer zu erkennen, dass der in die Entgeltklausel aufgenommen Betrag von fünf Euro tatsächlich keinen konkreten Kostenpositionen entsprach, sondern einen gegriffenen Wert darstellte. Es lässt sich nur vermuten, dass wohl – unabhängig von konkreten Kosten – eine zusätzliche Ertragsposition generiert bzw. unerwünschtes Kundenverhalten sanktioniert werden sollte. Das mögen betriebswirtschaftlich akzeptable Motive sein. Sie finden sich allerdings nicht in der einschlägigen gesetzlichen Preisregelung.

c) Neufassung von § 675o Abs. 1 Satz 4 BGB

Die weitere Geschichte des § 675o Abs. 1 Satz 4 BGB gibt wenig Anlass zu der Hoffnung, dass künftig Streit über dessen Auslegung vermieden wird. Die Vorschrift ist mit Wirkung vom 13. Januar 2018 geändert worden. Nunmehr darf der Zahlungsdienstleister Entgelt „für den Fall vereinbaren, dass er die Ausführung eines Zahlungsauftrags berechtigterweise ablehnt". Die Bindung an § 675f Abs. 5 Satz 2 BGB ist hingegen beibehalten worden,

---

174 Siehe BGH, Urteil vom 22. Mai 2011 - XI ZR 290/11, BGHZ 193, 238 Rn. 40 mwN.

175 Vgl. BGH, Urteile vom 28. Mai 2008 - VIII ZR 126/07, NJW 2008, 2257 Rn. 9, vom 12. Oktober 2016 - XII ZR 9/15, NJW 2017, 254 Rn. 24 und vom 12. September 2017 - XI ZR 590/15, WM 2017, 2013 Rn. 34.

176 BGH, Urteil vom 12. September 2017 - XI ZR 590/15, WM 2017, 2013 Rn. 41 ff.

sodass das Entgelt auch weiterhin angemessen und an den tatsächlichen Kosten des Zahlungsdienstleisters ausgerichtet sein muss. Ob nach dieser Formulierung eine Orientierung an üblichen Marktpreisen ausreicht oder mit der Ausrichtung an „tatsächlichen Kosten“ die Klärung der Kostenstruktur des konkreten Kreditinstituts erforderlich ist, ist ebenso ungeklärt wie die Frage, ob in dem Entgelt – wohl über den Wortlaut von § 675f Abs. 5 Satz 2 BGB hinaus (siehe dazu auch unten V.1.b)) – eine Gewinnmarge enthalten sein darf. Schließlich ist in der Literatur bereits streitig, ob nach der neuen Formulierung von § 675o Abs. 1 Satz 4 BGB die früher bepreisbaren Benachrichtigungskosten mitumfasst sind oder nunmehr nicht mehr umgelegt werden können.[177]

177 Vgl. nur Werner, WM 2018, 449 455 und Zahrte, NJW 2018, 337, 339.

V. Ausblick

1. Kontrollkonzept für Entgeltklauseln

a) Kontrolle von Entgeltklauseln anhand gesetzlicher Leitbilder

Die Rechtsprechung zu Entgeltklausel in Banken-AGBs musste sich während der letzten Jahren in zahlreichen neuen Fallgestaltungen bewähren, die durch eine ständig wechselnde Klauselpraxis der Kreditinstitute generiert wurden. Dabei hat sich das in langjähriger Rechtsprechung entwickelten Konzept, auch Entgeltklauseln an gesetzlichen Leitbildern zu messen und in diesem Kontext zwischen Haupt- und Nebenentgelten zu unterscheiden, als ausreichend flexibel und robust erwiesen, sodass damit die praktischen Anforderungen erfolgreich bewältigt werden konnten.

Die große Mehrzahl der Rechtstreitigkeiten wurden dabei auf Grundlage des in ständiger Rechtsprechung aller damit befassten Senate des Bundesgerichtshofs seit langem anerkannten Leitbilds gelöst, wonach in AGB ein Entgelt für die Erfüllung eigener vertraglicher oder gesetzlicher Pflichten nicht festgelegt werden darf. Die Kernaussage dieses Leitbilds ist inzwischen im neuen Zahlungsdienste kodifiziert und auf Individualvereinbarungen ausgeweitet worden, indem § 675f Abs. 4 Satz 2 BGB aF – jetzt § 675f Abs. 5 Satz 2 BGB – eine Bepreisung der Erfüllung von Nebenpflichten verbietet, soweit im Gesetz nicht ausdrücklich etwas anderes bestimmt ist. Die grundlegende Abgrenzung zwischen freier Entgeltvereinbarung zur Hauptleistung bei gleichzeitigem Verbot einer Bepreisung eigener Nebenpflichten in AGB sollte deswegen zum gesicherten Bestand auch der künftigen Rechtsprechung zu Entgeltklauseln zählen.

Eine Erweiterung hat die Rechtsprechung seit dem Jahr 2014 im Bereich der Darlehensgebühren erfahren. Anlass war die Herausbildung eines neuen Leitbildes für die Preishauptabrede im Darlehensvertrag. Im Anschluss an die Änderung des Darlehensrechts sieht die Rechtsprechung in § 488 Abs. 1 Satz 2 BGB das Leitbild eines laufzeitabhängigen Zinses festgelegt. Das hat zur Folge, dass Entgelte für die Kapitalnutzung, also für die ansonsten nicht geregelt Entgeltvereinbarung zur Hauptleistung, in AGB laufzeitabhängig ausgestaltet sein müssen. Das gilt auch für Teilentgelte, sodass anknüpfend an ältere Rechtsprechung auch ein Disagio oder vergleichbare Entgeltkomponenten vergleichbar dem Zins in Abhängigkeit zur Laufzeit der Kapitalnutzung stehen müssen. Wirtschaftlich entspricht diese Rechtsprechungsentwicklung der Intention des neueren Gesetzgebers, von der Laufzeit der Kapitalnutzung losgelöste Entgelte oder diese ersetzende laufzeitunabhängige Entschädigungsansprüche zu begrenzen. Auch dieses Leitbild rechnet inzwischen zum gesicherten Bestand der Rechtsprechung im Darlehensrecht.

Dieses in der gewachsenen Rechtsprechung entwickele Instrumentarium sollte ausreichen, auch in Zukunft Rechtssicherheit zu Bankentgelten zu garantieren. Der Bankkunde kann jedenfalls davon ausgehen, dass die Rechtsprechung den grundlegenden gesetzgeberischen Entscheidungen auch gegen immer neue, kreative Gebührenkonstruktionen aus der Kreditwirtschaft Geltung verschaffen wird.[178]

b) Gesetzliche Preisregelungen

Daneben hat der Gesetzgeber insbesondere im Recht der Zahlungsdienste eine Reihe von Entgeltregelungen geschaffen, die dem alternativen Regelungskonzept gesetzlicher Preisvorschriften folgen. Danach werden für einzelne Tatbestände Sonderentgelte entweder verboten oder ausdrücklich zugelassen. Ist eine Entgeltvereinbarung möglich, regelt Gesetzgeber meist auch, auf welche Weise dieses Entgelt zu bestimmen ist. Die Parteien sind danach auch im Bereich zulässiger Entgeltvereinbarung bei der Vereinbarung der Höhe des Entgelts nicht bis zur Grenze des § 138 BGB frei, sondern unterliegen besonderen Vorschriften für die Höhe des bepreisbaren Aufwands.

Der Weg, für einzelne Nebenleistungen jeweils gesonderte gesetzliche Preisvorschriften zu schaffen, ist aus praktischer Sicht problematisch. Solche gesetzliche Preisregelungen, die notgedrungen auf abstrakte Preisbildungsvorschriften beschränkt sind, dürften binnen kurzem zu einer intensiven richterlichen Kontrolle von berechtigtem Aufwand, Kriterien interner Preisfindung und Darstellung angemessener Entgeltstrukturen der Kreditinstitute führen. Sowohl anzusetzende Kosten der konkreten Dienstleistung der Bank als auch deren Abgrenzung von allgemeinen Betriebskosten wird i.E. schon deswegen von dem Kreditinstitut dazulegen und zu beweisen sein, weil dessen Vertragspartner über Kenntnis von diesen Berechnungsgrundlagen nicht verfügen kann.[179] Das wird die Klauselverwen-

---

178 Vgl. Servais, BKR 2018, 337, 338.

179 Vgl. MüKoBGB/Casper, 7. Aufl. 2017, BGB § 675f Rn. 55.

der zwingen, ihre interne betriebswirtschaftliche Kalkulation offenzulegen. Denn anders wird sich kaum verlässlich klären lassen, ob ein Entgelt, wie es etwa § 675f Abs. 5 Satz 2 BGB verlangt, „angemessen und an den tatsächlichen Kosten des Zahlungsdienstleisters ausgerichtet" ist.

In diesem Zusammenhang wird bereits – ersichtlich über den gesetzlichen Wortlaut dieser Preisregelungen hinausgehend – die Forderung erhoben, es müsse bei der Bemessung eines solchen Entgelts auch eine Gewinnmarge für die Bank einpreisbar sein.[180] Freilich erkennen auch die Protagonisten einer solchen Ausdehnung der Entgeltklauseln, dass der Normzweck des § 675f Abs. 5 Satz 2 BGB, Entgelte strikt an den Kosten zu orientieren, verfehlte wäre, könnte der Klauselverwender nach Belieben ein Kostenentgelt um eine gewünschte Marge erhöhen. Sie fordern deswegen lediglich eine "angemessen Gewinnmarge". Auch von solchen Versuchen, Gewinnanteile in Kostenentgelte einzupreisen, ist dringend abzuraten. Denn damit wäre der Weg in eine umfassende Entgeltkontrolle durch die Gerichte vorgezeichnet, die letztlich über die Höhe einer „angemessenen" Gewinnmarge im Kreditgewerbe zu befinden hätten. Die zugrunde liegende Vorstellung, die Rechtsordnung könne von der Rechtsprechung – gleichsam in Anlehnung an die mittelalterliche Lehre vom iustum pretium – verlangen, eine „gerechte Marge" für Kreditinstitute zu bestimmen, ist zumindest befremdlich, jedenfalls mit einer marktwirtschaftlichen Ordnung unvereinbar. All das könnte Mahnung sein, gesetzliche Regelungen zur Preiskalkulation oder Preisfindung in Zukunft nach Möglichkeit zu vermeiden, zumindest aber eng auf die Umlegung konkret entstandener Kosten zu beschränken. Denn das auf den ersten Blick wenig differenziert erscheinende Instrumentarium traditioneller Klauselkontrolle, das außerhalb des Verbots von gesetzliche Leitbildern abweichender Klauseln nur noch die Kontrolle auf Sittenwidrigkeit nach § 138 BGB kennt, erweist sich als überlegen, weil es die praktische Unmöglichkeit akzeptiert, in der Rechtsprechung einen gerechten, von der Preisbildung des Märkte abweichenden Preises zu bestimmen.

---

180 Vgl. Meckel, jurisPR-BKR 1/2010 Anm. 1, unter 19; siehe dazu auch Müller, WM 2018, 741, 746 f. mit der kaum verständlichen Annahme, die Einschränkung der nach § 675f Abs. 4 Satz 2 BGB a.F. umlegbaren Kosten durch das Merkmal „angemessen" könne zugleich als Ausweitung zugunsten einer einpreisbaren Gewinnmarge verstanden werden.

2. Reformdiskussion

a)Seit längerem wird über eine Novellierung des AGB-Rechts zu Unternehmerverträgen diskutiert.[181] Nach dem Koalitionsvertrag der Regierungsparteien vom 7. Februar 2018 lautet der – eigenartig limitierte – Arbeitsauftrag: „Wir werden das AGB-Recht für Verträge zwischen Unternehmen auf den Prüfstand stellen mit dem Ziel, die Rechtssicherheit für innovative Geschäftsmodelle zu verbessern. Kleine und mittelständische Unternehmen, die Vertragsbedingungen ihres Vertragspartners aufgrund der wirtschaftlichen Kräfteverhältnisse faktisch akzeptieren müssen, sollen im bisherigen Umfang durch das AGB-Recht geschützt bleiben“[182]

Das formulierte Reformziel, "die Rechtssicherheit für innovative Geschäftsmodelle zu verbessern" erschließt sich kaum. Die hier besprochenen Entgeltklauseln von Kreditinstituten scheinen auf den ersten Blick keinen Bezug zu einem Schutz innovativer Geschäftsmodelle auszuweisen, handelt es sich bei dem Kreditgeschäft doch um ein traditionelles Kerngeschäftsfeld einer Marktwirtschaft. Ohnehin sollen kleine und mittlere Unternehmen von entsprechenden Rechtsänderungen ausgenommen sein. Zu Verbraucherverträgen sind ohnehin keine Änderungen angekündigt. Sollte der Gesetzgebungsprozess diesen Vorgaben folgen, dürften die den vorliegend erörterten Rechtsstreitigkeiten zugrunde liegenden Fallgestaltungen nicht betroffen sein.[183]

b)Unabhängig davon sollten Reformen im Recht der Allgemeinen Geschäftsbedingungen die wirtschaftlichen Vorteile kontrollierter AGB bewahren. Denn allgemeine Geschäftsbedingungen dienen gerade bei Standardverträgen einer Beschleunigung des Wirtschaftsverkehrs und senken damit zum Vorteil aller Beteiligten die Transaktionskosten.[184]

---

181 Vgl. dazu den Überblick: von Westphalen, ZIP 2018, 1101, 1104 ff., sowie Salger/Schröder, AnwBl 2012, 683 ff., von Westphalen, ZIP 2015, 1316, Leuschner, ZIP 2015, 1045 ff und 1326 ff.; Herrmann/Lasch, DRiZ 2018, 218 ff .

182 Koalitionsvertrag der Regierungsparteien vom 7. Februar 2018, Umdruck S. 131.

183 Anders z.T. die Forderungen in der Literatur, vgl. etwa Schmid-Burgk, BB 2018, 1799, 1802; siehe beispielhaft für die aus dem Umfeld großer Unternehmen geforderte Privilegierung: Lischek/Mahnken, ZIP 2007, 158 ff., beide Rechtsanwälte der Siemens AG.

184 Vgl. dazu MünchKommBGB/Basedow, 7. Auflage, 2016, vor § 305 Rn. 5; Fuchs in: Ulmer/Brandner/Hensen, AGB-Recht, 12. Auflage 2016, Vorbemerkungen zur Inhaltskontrolle Rn. 34 ff.; Staudinger/Krause, 2013, Anhang zu § 310 Rn. 67 ff.; Leuschner, JZ 2010, 875, 879 f.; Roloff in: Erman, IGB, 15. Auflage 2017, Vorbemerkung vor § 305 Rn. 1 ff.

Ohne Verwendung von auf das jeweilige Geschäftsfeld zugeschnittener Allgemeiner Geschäftsbedingungen wäre nicht nur einem Vertragsschluss ein möglicherweise langwieriger Einigungsprozess vorgeschaltet, sondern beide Geschäftspartner sähen sich bei der Ausführung einer Vielzahl gleich gelagerte Geschäfte jeweils unterschiedlich ausgehandelten Vertragsbedingungen gegenüber. Deswegen bedarf es einer am jeweiligen Geschäftsfeld orientierten Standardisierung derjenigen Regelungen, die über die gesetzlichen Normen hinaus zur rechtssicheren Abwicklung der jeweiligen Verträge erforderlich sind. Das führt jedoch nur dann zu der gewünschten Zeit- und Kostenersparnis, wenn sich die den Vertragsbedingungen nur zustimmende Partei sicher sein kann, dass von grundlegenden gesetzlichen Wertungen abweichende Klauseln an einen fairen Interessenausgleich gebunden sind. Andernfalls müsste der Vertragspartner des Klauselverwenders seinerseits mit erheblichem Aufwand diese Bedingungen unter Inanspruchnahme juristischer Expertise im Einzelfall überprüfen lassen und im Detail verhandeln mit der Folge, dass beiderseits das Ziel einer Ersparnis von Transaktionskosten verfehlt würde.

Die richterliche Inhaltskontrolle von Allgemeinen Geschäftsbedingungen dient mithin nicht dem Schutz eines "dummen und faulen" Verbrauchers,[185] sondern dem Schutz des situativen unterlegenen Vertragspartners, der sich in rationaler Ignoranz auf die Möglichkeit einer nachträglichen Überprüfung unangemessener Klauseln verlässt und dies unabhängig von seiner wirtschaftlichen Macht.[186] Das ist der ökonomische Kern der AGB-Kontrolle, den es bei Reformen zu bewahren gilt.

185 Ulmer, Verhandlungen des 50. Deutschen Juristentags, 1974, Bd. 2, Sitzungsberichte S. H 19.

186 Vgl. auch Huth, Kontrolle Allgemeiner Geschäftsbedingungen im unternehmerischen Geschäftsverkehr unter Berücksichtigung geltender Gewohnheiten und Gebräuche, S. 36.

Zeitfracht Medien GmbH
Ferdinand-Jühlke-Straße 7
99095 Erfurt, Deutschland
produktsicherheit@kolibri360.de